KB266127

사실 하나의 언어에 관해 말하는 것은 쉽지 않다. 어떤 언어든 오랜 역사와 복잡한 변화, 그리고 언어가 통용되는 세상사와 얽혀 있기 때문이다. 성서의 언어도 마찬가지다. 그래서 설교를 듣다가 가장 힘든 시간은 설교자가 이런저런 '원어'를 들고나올 때다. 아예 모르는 이에게야 유식하게 들리겠지만, 사정을 아는 이에게는 '선무당이 사람 잡는' 해석학적 참사일 때가 많기 때문이다. 신약성서의 언어가 헬라어이니 헬라어를 말해야겠지만, 제대로 설명하기란 여간 품이 많이 드는 것이 아니다. 이 책의 저자 김선용 박사는 현재 우리나라에서 가장 깊은 내공을 가진 학자 중 한 사람이다. 이 책은 숙련된 조련사가 신약성서의 언어를 자유자재로 다루는 장면들을 담고 있다. 조곤조곤한 말투지만 결코 가벼운 책이 아니다. 탄탄한 내공 없이는 말할 수 없는 내용으로 가득하고, 깊고 넓은 탐구에서 배어 나온 통찰이 반짝인다. 편안하게 이어지는 저자의 이야기를 따라가다 보면, 서툴게 알던 사실을 다시 돌아보고 느슨해진 생각의 옷깃을 세우게 된다. 종종 밋밋하게 여겨지던 복음의 조각들이 한층 더 생생한 깨우침으로 다가온다. 많은 기대를 품고 있는 독자의 한 사람으로서, 앞으로도 저자의 흥미로운 이야기가 이어지기를 희망한다.

권연경 숭실대학교 기독교학과 교수

무슨 마법이 작용했나 보다. '라틴어 수업'은 서양문학에서 괴롭고 지루한 시간의 대명사다. '히브리어의 시간'과 '헬라어의 시간' 역시 신학생들에게는 긴장을, 목회자들에게는 좌절의 기억을 떠올리게 하는 말이다. 그런데도 이런 제목의 책들이 독자들에게 친근하게 다가가 널리 읽히고 있다니, 대체 어떤 레시피이길래 그럴까?

이 언어들은 흔히 '책 속에서나 만나는 죽은 언어'로 치부되지만, 그 시대의 숨결과 사람들의 감정과 습속, 관계의 질서, 삶의 기술과 상식을 차근차근 복원해 가면 놀랄 만큼 생생하고 역동적인 세계를 만날 수 있다. 그 세계와 오늘 사이를 잇는 가교가 되는 학자를 만날 때, 그 언어들은 우리에게 다시 '살아 있는 언어'로 다가온다. 고대 헬라어의 경우, 그 역할에 가장 적격이 김선용 박사라고 생각한다.

헬라어를 다루는 설교나 주석 가운데는 사전적 어휘 풀이의 궤도 안에서 맴도는 경우가 적지 않다. 그러나 저자는 헬라어 단어의 역사적 맥락을 끝까지 파고들어, 문화와 철학은 물론 건축과 의료에 이르기까지 다양한 분야를 가로지르는 정교한 재구성으로 신약성서의 세계와 오늘날 독자들을 이어 준다. 저자가 새롭게 들려주는 신약성서의 메시지는 오랫동안 고정되어 있던 신학적 개념들을 흔들며 우리를 더 본질적인 질문 앞으로 데려간다.

이 레시피에서 가장 소중한 재료는 결국 '시간'일 것이다. 헬라어 공부에 매진하며 견뎌 낸 저자의 고독한 시간, 누구도 대신해 줄 수 없는 그 시간의 밀도와 성실함에 경의를 표한다. 저자의 '고독한 시간'은 독자들에게 '행복한 시간'을 선사한다. 독자 각자가 이 책에서 얻은 지식과 변화된 시각을 품고, 다시 자기만의 고독한 묵상과 연구의 시간으로 들어가기를 권한다. 그 시간이 쌓여 또 다른 누군가에게는 더 깊고 단단한 설교와 가르침, 따뜻한 위로와 통찰을 전할 수 있을 것이다. 고독한 시간이 행복한 시간이 되고, 그 행복이 다시 누군가를 살리는 시간으로 번져 가는 것, 아마 이것이 '언어의 시간'이라는 제목에 숨은 아름다운 마법일 것이다.

박영호 포항제일교회 담임목사

『히브리어의 시간』 저자로서, 언젠가 '헬라어의 시간'이라는 이름의 저작이 나온다면 그 적임자는 당연히 김선용 박사라고 늘 생각했다. 그는 내가 가장 신뢰하는 신약학자이자, 문헌학적 엄밀함과 신학적 통찰을 겸비한 탁월한 학자이기 때문이다. 시카고 대학교 박사 과정 시절, 수많은 고전 문헌과 치열하게 씨름하며 동문수학했던 '전우'로서, 누구보다 그 학문적 깊이와 성실함을 잘 아는 동료로서 이 책의 출간이 더없이 반갑다.

이 책은 우리가 안다고 생각하지만 실은 오해하고 있는 수많은 개념들을 '낯설게' 그러나 더욱 '선명하게' 되돌려준다. 파피루스와 비문, 고대 철학 등 방대한 1차 사료를 바탕으로 신약 언어의 세계를 복원해 낸 저자의 글을 따라가다 보면 놀라운 사실을 마주하게 된다. '믿음'(피스티스)이 단순한 심리적 동의가 아니라 목숨을 건 충성과 신뢰의 관계임을, '자족'(아우타르케이아)이 개인의 평안이 아니라 파도치는 세상 속에서 중심을 잡는 치열한 분별력임을, 그리고 '사랑'(아가페)과 '우정'(필리아)이 당대의 명예와 수치 문화를 어떻게 전복시키는 혁명적인 가치였는지를 명쾌하게 풀어낸다.

저자는 단순히 고대 헬라어의 의미를 복원하는 데 그치지 않고, SNS의 '좋아요'에 매몰된 현대인의 자존감이나 배제와 혐오의 문제 등 오늘날 우리의 실존적이고 사회적인 고민과 정교하게 연결한다. 이 책을 읽는 것은 믿음, 소망, 사랑 같은 우리의 신앙을 구성하는 언어들이 어떤 문화에서 탄생했으며 어떻게 그 문화를 전복시키고 새로운 생명을 잉태했는지 목격하는 경이로운 경험이 될 것이다.

송민원 더바이블 프로젝트 대표, 『히브리어의 시간』 저자

저자가 터 준 길을 따라, 우리는 이제껏 번역된 성서를 읽을 때와는 사뭇 다른 풍경 속으로 들어간다. 고대 지중해 세계의 삶과 신앙이 펼쳐진 새로운 풍경, 그것은 또한 새로운 시간이다. 고대인이 세상을 바라보고 신을 이해하며 예배했던 독특한 시간, 헬라어가 열어 준 그 시간 속에서 우리는 명예, 우정, 희망, 믿음, 구원 같은 굵직한 관념의 뿌리를 더듬는다. 말이 생각의 집이듯, 생각은 말의 시간과 공간 속에서 깊어지고 넓어진다. 그렇게 이 책은 예수 신앙의 심오함과 풍요로움을 온전히 펼쳐 낸다.

조재천 전주대학교 선교신학대학원 신약학 교수

헬라어의 시간

헬라어의 시간

헬라어의 시간

2026년 1월 20일 초판 1쇄 발행
2026년 3월 10일 초판 3쇄 발행

지은이 김선용
펴낸이 박종현

(주) 복 있는 사람
주소 서울특별시 마포구 연남동 246-21(성미산로23길 26-6)
전화 02-723-7183(편집), 7734(영업·마케팅)
팩스 02-723-7184
이메일 hismessage@naver.com
등록 1998년 1월 19일 제1-2280호

ISBN 979-11-7083-316-1 03230

ⓒ 김선용 2026

헬라어의 시간

김선용 지음

복 있는 사람

들어가며

2020년 무렵부터 국내 독자들 사이에 1세기 그리스도인의 일상과 그들을 둘러싼 사회 및 문화에 대한 관심이 부쩍 커졌습니다. 이에 발맞추어 관련 번역서가 꾸준히 출간되고 국내 학자들의 저술도 잇따랐습니다. 그러한 관심은 이제 역사적 배경을 넘어, 신약성서의 주요 단어들이 지닌 의미를 더 깊이 이해하고 싶은 열망으로 이어졌습니다.

복 있는 사람 출판사에서 '헬라어의 시간' 집필을 제안했을 때, 저는 뚜렷한 구상 없이 수락했습니다. 막상 원고를 쓰기 시작하자 난이도를 어디에 맞추고 방향을 어떻게 잡아야 할지 한동안 헤맸습니다. 초고는 꼭지마다 분량이 짧았고 내용도 단출했습니다. 그러다가 비슷한 책들과 차별점을 두고 싶은 마음이 들었습니다. 흥미를 돋우는 교양서이되 학술적 토대 위에 단단히 선 에세이를 지향하기로 결정하고 철저한 개정 작업에 들어갔습니다.

이 책은 한 가지 전제에서 출발합니다. 신약성서에 등장하는 단어들은 당대의 문화적 산물이며, 비그리스도인의 용례와 크게 다르지 않았으리라는 것입니다. 그렇지 않았다면 의사소통 자체가 불가능했을 테니까요. 한편, 후대 신학(특히 개신교 신학)에서 핵심 개념으로 부각된 단어들은 가급적 다루지 않기로 했습니다. 그런 책은 이미 여럿 나와 있고, 무엇보다 이 책이 또 하나의 신학 입문서가 되어선 안 된다고 생각했기 때문입니다.

저는 다른 길을 택했습니다. 사회사^{social history}와 감정사^{history of emotion}와 심성사^{histoire des mentalités}의 시선으로 고대 텍스트에 다가가고자 했습니다. 신약 시대와 오늘날 함께 쓰이는 단어들 가운데 상당수가 실은 의미와 뉘앙스에서 적잖은 간극을 품고 있습니다. 우리는 같은 단어를 읽으면서도 고대인과는 사뭇 다른 심상을 떠올리고, 전혀 다른 감정의 결을 상상합니다. 이 책은 바로 그 간극을 비춤으로써, 신약성서를 읽을 때 무심코 지나쳤던 단어들을 낯선 눈으로 다시 바라보게 합니다. 정답을 제시하는 것이 아니라, 새로운 '눈'을 소개하려는 것입니다.

이를 위해 현대 서양고전학, 고대 철학, 고대 지중해 세계의 사회문화사 분야에서 축적된 최신 연구 성과를 충실히 반영하고자 했습니다. 주註는 단순한 출처 표기를 넘어, 관심 있는 독자들이 더 깊은 연구로 나아가는 길잡이가 되도록 기획했습니다. 이 책의 주를 더 넓은 헬라어의 세계로 들어가는 작은 디딤돌로 삼아 주시면 좋겠습니다.

긴 박사 과정 동안 무척 많은 헬라어 텍스트를 읽었습니다. 늦은 나이에 새 언어를 익히기가 쉽지 않았고 진도도 더뎠지만, 그래도 신약성서를 헬라어로 편히 읽을 수 있게 된 것은 그 시절 훈련 덕분입니다. 과하다 싶은 분량의 헬라어 텍스트를 매 수업

전에 읽어 오라 요구한 데이비드 마르티네즈^{David Martinez} 교수님, 세미나 시간에 파피루스나 비문 등 다양한 원전을 읽도록 이끌어 준 고^故 한스-요제프 클라우크^{Hans-Josef Klauck} 교수님과 마가렛 미첼^{Margaret M. Mitchell} 교수님이 떠오릅니다. 그분들이 아니었다면 이런 책을 쓰기 어려웠을 것입니다.

이 책의 집필을 제안해 준 복 있는 사람 출판사 박종현 대표님과 작업 내내 격려를 아끼지 않은 유동운 팀장님에게 감사드립니다. 글을 세심하게 다듬어 준 이경훈 팀장님에게도 고마움을 전합니다. 무엇보다 오래전부터 이런 책을 써 보라고 권해 온 아내 유정민에게 깊이 감사합니다.

이 책을 읽고 헬라어를 공부하고 싶은 마음이 든 독자가 있다면 정말 기쁠 것 같습니다.

헬라어라는 이름

그리스인들은 자신들을 헬레네스(Ἕλληνες)라고, 자신들의 땅을 헬라스(Ἑλλάς)라고 불렀습니다. 이 이름은 대홍수에서 살아남은 데우칼리온과 퓌라의 아들이자, 그리스 민족의 시조로 여겨지는 신화 속 인물 헬렌(Ἕλλην)에서 비롯합니다. 그러나 로마인들은 이 민족을 그라이키(*Graeci*)라고, 그 땅을 그라이키아(*Graecia*)라고 불렀습니다. 로마 제국이 지중해 세계를 제패한 후 라틴어 명칭이 서구 전역에 퍼졌습니다. 오늘날 영어의 Greece, 프랑스어의 Grèce, 스페인어의 Grecia는 모두 이 로마식 이름의 후예입니다.

한국어에는 두 계통의 이름이 공존합니다. 하나는 로마식 그라이키아에서 온 '그리스'이고, 다른 하나는 그리스식 헬라스에서 온 헬라입니다. 여기에 헬라스를 한자로 음차한 '희랍'(希臘)까지 더해지면 사정은 더 복잡해집니다. 그리스인이 쓴 언어를 무엇이라 불러야 할까요?

한국 신학계에서는 오래전부터 '헬라어'라는 용어를 써 왔습니다. 신약성서가 코이네 그리스어로 기록되었기 때문에, 이 언어를 성서의 원어라는 뜻에서 '헬라어'라고 불렀습니다. 반면에 서양고전학계에서는 '고대 그리스어'나 '고전 그리스어'라는 표현을 선호하고, 일각에서는 '헬라스어'라고 불러야 한다고 주장합니다. 최근 대한성서공회도 '헬라어'를 '그리스어'로 바꾸고 있습니다. 음차의 정확성만 따지면 '헬라스어'가 낫습니다. 그러나 학술 문헌이나 대중 서적에서 '헬라스어'는 많이 사용되는 용어가 아닙니다.

여기서 한 가지 중요한 사실을 인정해야 합니다. '정확성'이라는 기준 자체가 단일하지 않다는 것입니다. 음운론적 정확성을 따지면 '헬라스어'가 낫고, 우리말 관행과의 일관성을 따지면 '그리스어'가 낫고, 국제 학술 용어와의 대응을 따지면 '고대 그리스어'나 '코이네 그리스어'가 낫습니다. 이 기준들은 서로 다른 답을 요구하며, 어떤 단일 용어도 모든 기준을 동시에 충족시키지 못합니다.

저는 '헬라어'를 쓰기로 했습니다. 한국 신학계의 전통을 따르는 것이 가장 편리하다는 판단 때문입니다. 백 년 넘게 축적된 용례와 문헌이 있기에 가장 직관적으로 와닿습니다. 신학 논문을 쓸 때 '헬라어'라고 하면, 독자들은 곧바로 무엇을 말하는지 압니다. 학문적 소통에서 이 즉각적인 이해 가능성은 이론적 정합성보다 중요할 때가 많습니다.

헬라어의 탄생과 변천

19세기 학자들은 세계의 여러 언어들이 사실은 먼 친척이라는 놀라운 사실을 밝혀냈습니다. 이 발견은 언어학의 역사를 송두리째 바꿔 놓았습니다. 영어와 독일어, 프랑스어와 러시아어, 그리고 고대 헬라어는 겉모습이 전혀 달라 보이지만 모두 한 조상에서 갈라져 나왔습니다. 학자들은 이 거대한 언어 집단을 '인도-유럽 어족'이라고 부릅니다.[1] 이들 언어의 공통된 조상은 대략 기원전 4500년에서 2500년 사이 어느 시점에 쓰였을 것으로 추정됩니다.[2] 그래서 신약성서 원문을 영어나 독일어로 번역할 때, 이러한 언어 계통상의 친연성이 도움이 되어 한국어로 번역하는 것보다 다소 쉽습니다.

한편, 헬라어를 다른 인도-유럽 어족 언어들과 구별해 주는 특징 가운데 중요한 것 두 가지만 짚어 보겠습니다. 첫째, 고대 헬라어는 강약 악센트 stress accent 가 아닌 고저 악센트 pitch accent 를 지녔습니다. 둘째, 원래 인도-유럽어가 8개의 격 체계였던 것과는 달리, 고대 헬라어는 5개의 격(주격, 속격, 여격, 대격, 호격)만 유지했습니다. 탈격, ablative 도구격, instrumental 처소격 locative 이 맡던 역할은 발달 과정에서 주로 속격과 여격에 흡수되었습니다.[3]

헬라어는 언제 탄생했을까요? 원시 헬라어를 쓰던 사람들이 그리스 본토로 들어온 시기는 대략 기원전 2200년 전후로 여겨지지만, 이동 경로와 정확한 시점에 대해서는 학자들 사이에 논쟁이 여전합니다. 헬라스/헬레네스라는 이름은 이미 호메로스 시대 문헌에 나오지만, 처음에는 특정 지역이나 집단만 가리켰습니다. 모든 그리스인을 포괄하는 이름으로 자리 잡기까지는 고대에서 고전기에 이르는 오랜 시간이 걸렸습니다.[4]

헬라어를 사용하는 집단의 정착 과정에 대해, 학계에서는 적어도 두 차례에 걸친 주요 이동이 있었던 것으로 봅니다. 첫 번째 이동은 기원전 2000년대 초반에 이루어졌으며, 흔히 아카이아인으로 불리는 집단이 에게해 지역으로 들어왔습니다. 이들의 문화적 기반 위에서 형성된 것이 미케네 문명으로, 이 문명은 수세기 동안 궁전 중심의 사회 구조를 유지하며 번영했습니다. 미케네 사회에서는 기존의 미노아 문자 체계를 개조한 선형 문자 B가 사용되었는데, 이는 오늘날 확인되는 가장 이른 헬라어 기록입니다. 다만 이 문자는 행정 문서나 물자 목록 같은 실무적 목적에 국한된, 소수의 전문 서기관들만이 다룰 수 있는 폐쇄적인 기록 수단이었습니다.[5]

그러나 기원전 12세기 전후로 미케네 궁전 체제가 무너지면서, 이 문자 전통도 함께 사라졌습니다. 미케네 문명의 붕괴는 동지중해 전반에서 관찰되는 사회적·정치적 격변, 기후 및 지질학적 재난, 그리고 도리스인이라 불리는 새로운 헬라어 사용 집단의 이동과 복합적으로 얽힌 사건입니다. 구체적인 원인과 진행 과정에 대해서는 다양한 설명이 제시되지만, 고대 그리스인들 자신은 이 시기를 영웅적 과거로 기억했습니다. 그들의 서사 속에서 미케네 시대의 종말은 테베와 트로이의 전쟁, 그리고 새로운 집단의 침입이라는 이야기로 의미를 획득했습니다.[6]

기원전 8세기 무렵, 그리스인들은 동쪽에서 온 페니키아 상인들에게서 알파벳을 배웠습니다. 페니키아 알파벳은 자음만 적는 체계였는데, 그리스인들은 자신들의 언어에 쓸모없는 자음 기호 몇 개를 모음을 나타내는 데 사용했습니다. 이렇게 해서 자음과 모음을 따로 떼어 체계적으로 적는 알파벳이 생겨났습니다. 이는 문자사에서 가장 영향력 큰 발명 가운데 하나로, 오늘날 세계 여러 알파벳 체계가 이 전통을 이어받았습니다.[7]

처음에는 지역마다 글자 모양이 조금씩 달랐습니다. 그러다가 기원전 403/2년 아테네가 동이오니아 계열의 24자 체계를 공문서 표기에 공식 채택하면서 표준화의 결정적 계기가 마련되었습니다. 이후 이 체계가 그리스 세계 전역으로 퍼져 나갑니다.[8]

고전기 그리스 세계에서는 지역마다 말씨가 제법 달랐습니다. 학자들은 크게 네 갈래로 나눕니다. 에게해 섬들과 소아시아 서해안, 그리고 아테네 일대에서 쓰인 이오니아-아티카어 계통, 펠로폰네소스 내륙과 키프로스섬의 아르카도-키프로스어, 레스보스섬과 북쪽 내륙의 아이올리스어, 그리고 남쪽 펠로폰네소스와 시칠리아, 남이탈리아에 퍼진 도리아-서북 방언입니다.[9] 철자법, 발음, 어휘, 문법이 모두 달랐지만, 대체로 서로 알아들을 수 있을 만큼 공통 요소가 많았습니다.[10]

기원전 5세기 후반은 아테네의 전성기였습니다. 페르시아 전쟁에서 승리한 뒤 아테네의 군사력과 재력, 문화적 명성은 한껏 높아졌습니다. 아이스킬로스, 소포클레스, 에우리피데스의 비극이 무대에 올랐고, 소크라테스가 광장에서 젊은이들과 대화를 나눴으며, 투키디데스가 역사 서술의 새로운 기준을 세웠습니다. 이어서 기원전 4세기에는 플라톤과 아리스토텔레스가 철학의 기틀을 다졌습니다. 이들의 작품은 기본적으로 아티카 방언으로 쓰였습니다(다만 비극의 합창 부분에는 도리아적 요소가 섞이기도 합니다).[11] 아티카어를 익혀 두면 이 고전들을 원문으로 읽을 수 있을 뿐 아니라, 호메로스나 후대 문헌을 이해하는 데도 무척 유리합니다. 이러한 이유로 오늘날 대학과 대학원에서는 고대 헬라어를 배울 때 보통 아티카어로 시작합니다. 신약성서를 원문으로 읽고 깊이 있는 문법서를 참고하려면 먼저 아티카어 문법을 익히는 편이 좋습니다.

아테네의 명성이 높아지면서 아티카어는 아티카 밖에서도 배울 만한 언어가 되었습니다. 하지만 다른 지역 사람들의 입에서 나온 아티카어는 본토 아테네 사람들 것과는 달랐습니다. 아티카 특유의 두드러진 형태가 하나둘 빠지고 여러 방언적 요소들이 섞여 들었습니다.[12]

기원전 4세기 말, 마케도니아의 알렉산드로스가 페르시아 제국을 무너뜨리고 이집트에서 인도 국경에 이르는 대제국을 세웠습니다. 그의 군대와 관리들, 상인들이 쓰던 말이 제국 전체의 공용어가 되었습니다. 이 말을 '코이네'(Koinē)라고 부릅니다. 헬라어로 '공통된 것'이라는 뜻입니다. 코이네는 아티카어에 뿌리를 두지만 형태와 문장 구조에서 단순해지는 경향을 보였습니다. 헬레니즘 시대의 공용어는 우월한 지위를 누리던 아티카어와 여러 지방 방언들 사이에서 이루어진 일종의 타협의 산물이라고 할 수 있습니다.[13] 물론 코이네 역시 시대와 지역, 장르에 따라 상당한 차이를 보였습니다. 이 공용어로 수많은 글이 쓰였습니다. 기원전 3세기부터 알렉산드리아의 유대인 공동체는 히브리 성서를 헬라어로 번역하기 시작했는데, 이 번역본이 코이네로 쓰인 '칠십인역'Septuagint/LXX입니다. 기원후 1세기에서 2세기 초반에 기록된 신약성서도 코이네로 쓰인 문헌입니다.[14] 신약성서 헬라어에는 셈어의 흔적이 적지 않게 배어 있습니다. 셈어 원문을 충실히 옮기는 과정에서 불가피하게 칠십인역에 유입된 표현의 영향, 혹은 칠십인역을 반복해서 읽고 들으며 새롭게 유대인들이 습득한 어법 등의 영향을 받은 것으로 보입니다.[15]

　　나중에 묶여서 신약성서가 된 문서들의 헬라어는 당대 코이네의 범위 안에 있으며, 고전 아티카 문법과 문체를 의식적으로 따르려는 흔적은 드뭅니다. 다만 저자와 장르에 따라 문체 수준은 꽤 달랐습니다. 가장 거칠고 특이한 헬라어를 쓴 이는 요한계시록 저자이고, 가장 정교한 문장을 구사한 이는 누가복음-사도행전 저자와 히브리서 저자입니다.[16]

'헬라어의 시간'으로 가는 길

신약성서 헬라어 연구가 학문다운 틀을 갖추기 시작한 것은 19세기입니다. 1822년, 독일의 게오르크 베네딕트 비너Georg B. Winer가 펴낸 문법책은 당시 신약성서의 용례를 체계적으로 정리한 선구적 작업이었습니다. 헬라어 동사 체계 연구의 아버지로 불리는 게오르크 쿠르티우스Georg Curtius도 이 시기에 활동했습니다. 그는 헬라어 동사 체계가 라틴어와 근본적으로 다르다는 점을 강조했고, 직설법이 아닌 서법에서는 시제 형태tense-form가 물리적 시간을 나타내는 것 외의 다른 기능을 맡는다는, 당시로서는 매우 중요한 통찰을 제시했습니다. 19세기 말에는 프리드리히 블라스Friedrich Blass의 문법서1896와 어니스트 드윗 버튼Ernest De Witt Burton의 서법 및 시제 연구1898가 소개되어 영어권 학계에 큰 자극을 주었습니다.[17]

　　19세기 말부터 이집트 사막에서 엄청난 양의 파피루스 문서가 쏟아져 나왔습니다. 편지, 계약서, 영수증, 청원서 등, 평범한 사람들의 일상적 기록이었습니다. 당시 일부 학자들은 신약성서 헬라어가 특별하고 거룩한 언어라고 주장했습니다. 하지만 아돌프 다이스만^{Adolf Deissmann}은 파피루스 자료를 꼼꼼히 살핀 끝에, 신약성서 헬라어가 그 시대에 널리 쓰이던 코이네 헬라어의 일부라는 결론을 내렸습니다. [18]

20세기 중반, 현대 언어학이 마침내 성서학에 본격적으로 영향을 미치기 시작했습니다. 불을 당긴 것은 1961년 제임스 바^{James Barr}가 제기한 비판이었습니다. [19] 바는 성서학계가 페르디낭드 소쉬르^{Ferdinand de Saussure} 이후 현대 언어학이 이룩한 성과를 제대로 소화하지 못했다고 지적했습니다. 특히 성서학자들이 낱말의 어원에서 제멋대로 의미를 끌어내거나, 한 단어가 지닐 수 있는 모든 의미를 특정 쓰임에 한꺼번에 집어넣는 잘못을 언어학적 관점에서 날카롭게 비판했습니다. 바는 의미가 체계와 문맥(구, 절, 담화)에서 정해진다는 점을 강조했습니다. 바의 호통이 울린 지 수십 년이 흘렀지만, 이런 방법론적인 문제는 여전히 풀어야 할 숙제로 남아 있습니다.

이러한 흐름 속에서 호주의 케네스 맥케이^{Kenneth L. McKay}가 헬라어 동사 연구의 새 지평을 열었습니다. 그는 30년에 걸친 연구를 통해 헬라어 동사의 시제 형태가 물리적 시간보다 행위를 바라보는 화자의 관점, 곧 상^{aspect}을 나타낸다는 점을 강력하게 논증했습니다. [20] 이 통찰은 1989년과 1990년에 스탠리 포터^{Stanley E. Porter}와 부이스트 패닝^{Buist M. Fanning}의 박사 논문으로 이어졌습니다. 포터는 시제 형태가 오직 상만 나타낸다고 주장한 반면, 패닝은 직설법에서는 시간적 의미도 함께 담긴다고 보았습니다. 두 학자의 논쟁은 학계에 활기를 불어넣었고, 뒤따른 연구들의 발판이 되었습니다. 고전기 헬라어 연구에서도 상과 행위상^{Aktionsart}

연구는 꾸준히 이어져 왔지만, 유독 신약학에서 상이 해석학적 쟁점으로 특별히 주목을 받았습니다. 물론 이러한 견해는 학계에서 여전히 논쟁거리이며, 특히 완료형perfect의 정확한 의미를 둘러싼 논쟁은 아직도 계속되고 있습니다.

동사 연구와 나란히 담화 분석(개별 문장을 넘어 텍스트 전체의 흐름과 정보 구조를 살피는 방법론)도 활발히 신약성서 본문에 적용되고 있습니다. 담화 분석이라는 이름 아래에는 기능언어학, 정보구조 이론, 인지 기반 접근과 같은 다양한 이론적 틀이 공존합니다.

헬라어 사전과 문법서도 새 시대의 요구에 부응하고 있습니다. 2000년, 프레더릭 댕커Frederick W. Danker가 개정한 바우어 사전 BDAG은 고대 문헌의 인용을 크게 늘려 신약성서 연구의 표준 도구로 자리 잡았습니다.[21] 고대 헬라어 사전도 새롭게 출간되었습니다. 2015년, 프랑코 몬타나리Franco Montanari의 헬라어 사전Vocab-olario della lingua greca 영어판이 나왔습니다.[22] 2021년에는 케임브리지 대학교가 23년에 걸쳐 준비한 *The Cambridge Greek Lexicon*을 펴냈습니다. 이 사전은 호메로스부터 플루타르코스까지를 주된 수록 범위로 하며, 신약성서 가운데는 복음서와 사도행전을 포함합니다.[23] 다카미쓰 무라오카Takamitsu Muraoka의 칠십인역 사전 2009도 중요한데, 이 사전은 칠십인역 전체와 관련 문헌을 폭넓게 다룹니다.[24]

문법서도 현대 언어학의 성과를 담은 새 저작이 잇달아 나왔습니다. 2019년에 출간된 *The Cambridge Grammar of Classical Greek*은 허버트 와이어 스마이스Herbert Weir Smyth, 1920 이후 한 세기 만에 나온 대형 영어 문법서로, 화용론, 담화 분석, 인지언어학의

성과를 녹여 넣었습니다.[25]

신약성서 헬라어를 집중적으로 다룬 새 문법서로는 하인리히 폰 지벤탈Heinrich von Siebenthal의 저작이 있는데, 동사 상 논쟁과 텍스트 문법Text Grammar 등 현대 헬라어 연구의 핵심 쟁점을 폭넓게 조명합니다.[26]

오늘날 헬라어 연구는 디지털 인문학의 시대로 접어들었습니다. 수천 개의 사본 데이터를 컴퓨터로 분석하여 본문의 뿌리를 찾는 정밀한 방법론Coherence-Based Genealogical Method(CBGM)이 도입되고, 인공지능AI은 훼손된 고대 비문을 복원하거나 연대를 추정하는 수준에 이르렀습니다. 이러한 진보는 우리로 하여금 시간의 벽을 넘어, 성서 시대 사람들의 심상과 감정의 결에 한층 더 가까이 다가가게 합니다. 이제 우리는 예전보다 명료해진 시야로 저 낯설고도 매혹적인 '헬라어의 시간'을 오갈 수 있게 되었습니다.

차례

이 책의 성서 인용은 '개역개정' 외에 본문의 의미를 보다
선명하게 드러내기 위해 '새번역'과 '새한글성경'을 따랐다.
일부 용어는 원문의 뉘앙스를 살려 수정하기도 했으며,
필요한 경우 저자의 사역(私譯)을 제시했다.

일러두기

이 책의 성서 인용은 '개역개정' 외에 본문의 의미를 보다
선명하게 드러내기 위해 '새번역'과 '새한글성경'을 따랐다.
일부 용어는 원문의 뉘앙스를 살려 수정하기도 했으며,
필요한 경우 저자의 사역(私譯)을 제시했다.

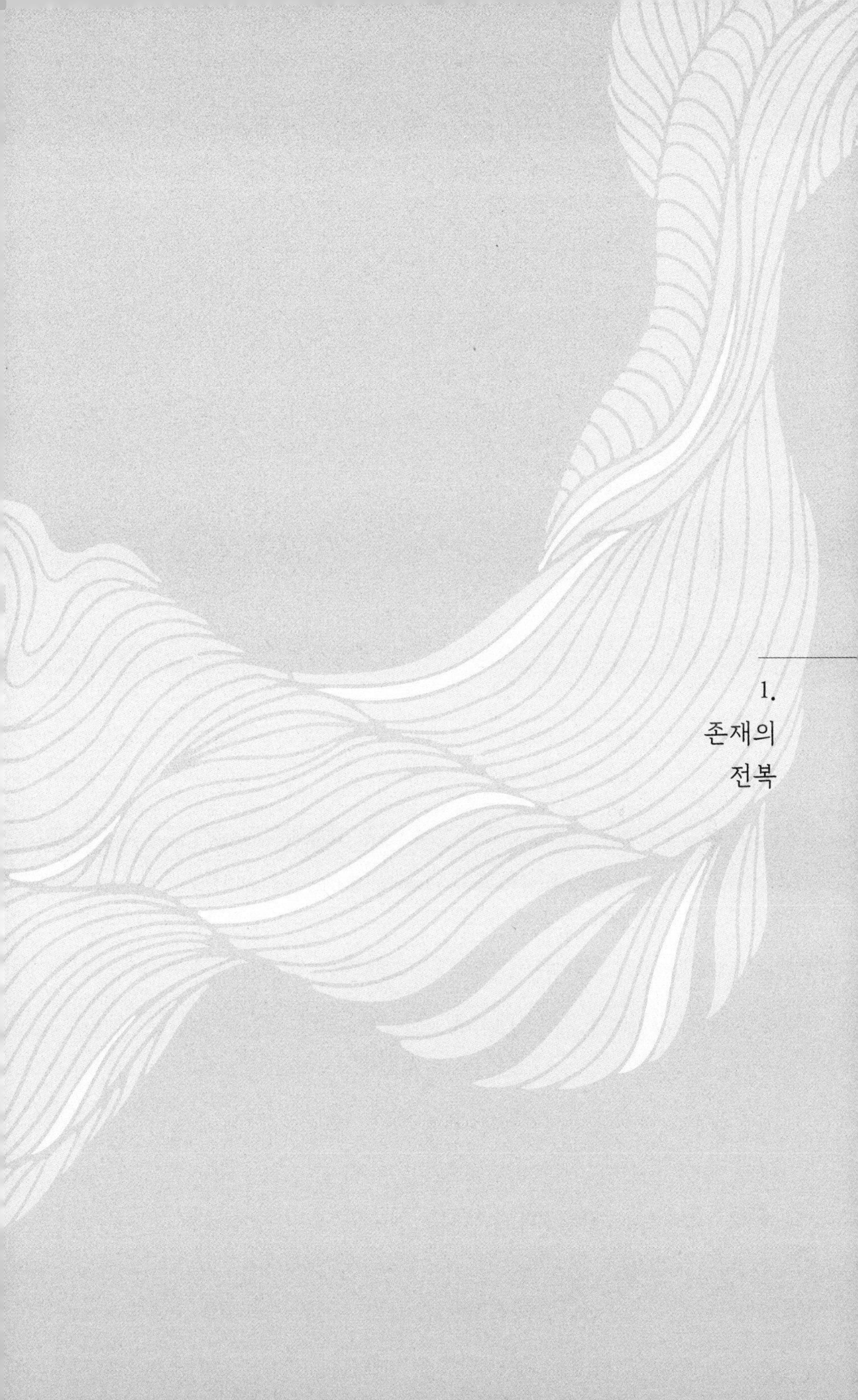

1.
존재의
전복

명예 τιμή

남을 깎아내려야만 내가 산다?

평판의 법정

기원전 1세기, 로마 제국의 심장부 포룸^{Forum}의 아침을 상상해 보겠습니다. 눈부신 지중해의 햇살 아래, 하얀 토가를 걸친 어느 원로원 의원이 대리석 바닥을 딱딱 울리며 군중 사이를 가로질러 갑니다. 그의 당당한 걸음걸이, 수많은 수행원들을 거느린 위세, 지나가는 시민들과 나누는 은근한 눈빛 교환, 청원자들의 인사를 받을 때 고개를 숙이는 각도까지, 이 모든 행동은 우연이 아닙니다. 이는 자신의 '명예로움'을 세상에 전시하기 위해 치밀하게 계산된 한 편의 연극입니다. 고대 지중해 세계에서 명예, 곧 헬라어로 티메(τιμή)는 단순한 체면치레가 아니었습니다. 그것은 사회적 존재로서 숨 쉬기 위해 반드시 필요한 산소와 같았으며, 명예를 잃는다는 것은 곧 사회적 생명이 끝나는 '죽음'을 의미했습니다.[1] 현대 자본주의 세계에서 '돈'이 최고의 가치로 떠받쳐지는 것처럼 로마 시대는 '명예와 수치'라는 이데올로기가 지배하는 세상이었습니다.

로마 제국 전역의 광장마다 세워진 수천 개의 대리석 조각상, 무덤가에 새겨진 화려한 비문, 도심 한복판에 우뚝 솟은 기념비들이 이를 증명합니다. 그것들은 단순한 장식이 아니라, '나는 이만큼의 명예를 가진 사람이었다'라고 외치는 침묵의 웅변이었습니다. 고대 그리스-로마 사회는 '명예'라는 에너지로 작동했습니다. 친구 관계는 명예를 주고받는 일종의 거래였고, 정치와 법은 명예의 무게를 재는 저울이었으며, 심지어 신에게 제사를 드리는 종교 행위조차 '신에게 마땅한 명예를 드린다'는 원리로 움직였습니다.[2]

오늘날 이러한 감각은 낯설게 다가옵니다. 우리 현대인에게 수치심 혹은 부끄러움은 주로 나 혼자 느끼는 사적인 감정입니다. 그러나 고대인에게 명예와 수치는 철저히 '공적인 사건'이었습니다. 흔히 우리가 "남의 눈 신경 쓰며 살지 마"라고 말하는 것과 정반대로, 고대인에게는 '남의 눈'이야말로 자기 가치를 결

고대 로마의 정치, 종교, 사법 활동이 집중되었던 공적 공간인 포룸
Wikimedia Commons

정하는 유일한 척도였습니다.[3]

그렇다면 고대인에게 명예란 정확히 무엇일까요? 학계의 목소리를 조금 단순화해서 말하면, '자기 자신의 눈에 비친 자신의 가치+자신이 속한 사회 집단의 눈에 비친 자신의 가치'라고 할 수 있습니다.[4] 아무리 자신이 대단하다고 외쳐도 공동체가 인정하지 않으면 소용없고, 공동체가 아무리 높이 평가하려 해도 본인이 그에 걸맞은 행동을 하지 않으면 명예는 성립하지 않습니다.

여기서 중요한 개념이 등장합니다. 바로 '평판의 법정'입니다. 법정에서 판사와 배심원이 유무죄를 결정하듯이, 고대 사회에서는 누가 명예롭고 누가 수치스러운지를 대중이 판결했습니다.[5] 오늘날 SNS에서 '좋아요'와 '싫어요'를 누르는 수많은 사람들이 바로 이 평판의 법정에 참여한다고 말할 수 있겠지요. 다만 고대 사회에서는 이 평판이 단순히 기분 좋고 나쁨의 문제가 아니라, 사회적 생존 자체가 걸린 문제였다는 점이 다릅니다.

빼앗고 빼앗기는 명예의 파이

평판의 법정이 지배하는 세계에서 명예는 무한정 생산되는 자원이 아니라 '한정된 재화'로 여겨졌습니다. 무슨 뜻일까요? 파이 한 판을 여러 명이 나눠 먹는다고 생각해 봅시다. 누군가가 큰 조각을 가져가면, 나머지 사람들이 먹을 수 있는 양은 줄어듭니다. 고대인은 명예가 이와 같다고 생각했습니다. 누군가가 명예를 얻으면, 반드시 다른 누군가는 명예를 잃어야 했습니다.

이러한 관계는 '도전과 응전', 그리고 맹렬한 '경쟁'이라는 형식으로 일상화되었습니다. 누군가가 나에게 모욕적인 말이나 행동을 하면 그것은 도전이고, 나는 적절한 응전을 해야 합니다. 만약 응전에 실패하면 나의 명예는 도전자에게 빼앗기고, 반대로 내가 멋지게 응전하면 도전자의 명예가 나에게로 옮겨집니다. 이런 일은 심지어 황제와 시민들 사이에서도 벌어졌습니다. 로마의 역사가 수에토니우스에 따르면, 클라우디우스 황제 치세에 연이은 가뭄으로 식량난이 닥치자 성난 민중은 포룸에서 황제에게 빵 부스러기를 집어던지며 거칠게 항의했습니다. 세계 최강대국의 지배자가 시민들에게 빵 세례를 맞으며 겨우 궁으로 도망쳤습니다.[6] 흥미로운 것은 이후 황제가 취한 조치입니다. 클라우디우스는 겨울철 항해의 위험에도 곡물을 수송하는 상인들에게 손실 보전을 약속하는 등 식량 확보에 총력을 기울였습니다. 이는 단순한 민생 대책이 아니었습니다. 공개적으로 모욕당한 황제가 권위를 되찾으려면 반드시 그 수치를 만회해야 했기 때문입니다.[7]

한 역사학자는 이 점을 이렇게 지적합니다. "비판자의 신분이나 정체는 중요하지 않았다. 천민들의 고함, 익명의 비방문과 시, 험담, 중상모략 모두가 극도의 우려를 불러일으켰다. 모욕을 당하는 것은 곧 약함을 의미했으며, 명예를 지킬 능력이 없음을 보여주는 것이었다."[8] 누가 욕을 했는지보다 욕을 먹고도 아무 대응을 못 했다는 사실 자체가 문제였습니다. 아래로부터의 도전을 그냥 받아들이면 체면을 잃었고, 체면을 잃으면 '아무것도 아닌 사람'이 되었습니다. 황제조차도 말입니다.

이렇듯 명예를 둘러싼 도전과 응전은 비슷한 신분의 사람들 사이에서만 일어나는 일이 아니었습니다. 또한 남성만 공적 영역에서 명예를 경쟁하고, 여성은 가정 안에 머물며 경쟁에서 멀리 떨어져 있는 것도 아니었습니다. 실제로 결정적인 것은 성별이나 신분이 아니라 평판의 법정이 어떻게 판단하는가였습니다.[9]

플루타르코스의 기록이 이를 증명합니다. 그는 『여성들의 덕에 관하여』라는 글에서 공적 영역에서 탁월한 업적을 세운 여성들의 사례를 수집했습니다. 미우스의 피에리아는 적대하던 두 도시 사이에서 평화 협상을 이끌어냈고, 양측 시민들 모두로부터 존경을 받았습니다. 키레네의 아레타필라는 폭군을 지혜롭게 제거하여 도시를 해방시켰고, 시민들은 그녀에게 통치권을 맡기려 했습니다.[10] 플루타르코스가 이런 사례들을 기록했다는 사실 자체가, 여성도 공적 명예를 획득할 수 있다고 당대인들이 인정했음을 보여줍니다. 평판의 법정인 대중이 이들의 손을 들어 주었기 때문에, 여성도 남성을 능가하는 명예를 획득할 수 있었던 것입니다.

이 평판의 법정에서는 때로 신분상의 위계마저 무력해졌습니다. 실제로, 평범한 시민들이 황제의 명예를 위협하는 사태가 일어나기도 했습니다. 역사가 카시우스 디오는 마크리누스 황제[217-218년]의 몰락에 대해 기록하면서, 그 결정적 계기가 경기장에서 벌어진 대중의 공개적 조롱이었다고 전합니다. 대중은 황제를 무시한 채 유피테르 신에게 "당신이 우리의 지도자가 되어 주십시오"라고 외쳤습니다.[11] 이 사건으로 황제에 대한 대중의 경멸이 드러나자 군대의 충성심도 흔들렸고, 결국 황제는 반란으로 목숨을 잃었습니다. 평범한 시민들의 야유가 제국의 최고 권력자를 무너뜨린 것입니다.

앞서 말한 것처럼 고대인은 신과 인간의 관계조차 이 명예의 원리로 이해했습니다. 신앙은 맹목적인 복종이 아니라 철저히 상호성에 기반한 거래였습니다. 라틴어로 도 우트 데스(*do ut des*), 곧 '당신이 주면 나도 준다'라는 원칙이 종교를 지배했습니다. 인간이 제사를 통해 신에게 명예를 드리면, 신은 그에 대한 보답으로 복을 내려 주어야 한다는 생각이 당연하다고 여겨졌지요.

인간이 정성을 다했는데도 신이 보답하지 않으면 어떻게 될까요? 놀랍게도 고대인은 신을 비난하기도 했습니다. 이집트에서 발견된 한 파피루스 편지에 어떤 사람이 친구에게 이렇게 적었습니다. "신들이 나를 돌보지 않은 것처럼 나도 신들을 돌보지 않을 것이다."Papyrus Oxyrhynchus(P.Oxy.) VII 1065 신이 자신의 기도에 응답하지 않았으니 자신도 더 이상 신에게 제사를 드리지 않겠다는 선언입니다. 마치 '내가 이렇게 했는데 넌 뭘 해줬어?'라고 따지는 것과 비슷합니다.

그리스 비극 작가 아이스퀼로스의 작품에서 오레스테스가 제우스에게 던지는 말도 같은 맥락입니다. "아버지의 제단에서 당신을 크게 공경한 독수리의 자식들을 당신이 죽인다면, 어디서 이처럼 풍성한 잔치의 제물을 받으시렵니까?"[12] 쉽게 풀면 이렇습니다. "우리 아버지가 당신한테 그토록 많은 제사를 드렸는데, 그 자식들을 내버려두면 앞으로 누가 당신한테 제사를 드리겠습니까?" 신도 인간의 경배 없이는 명예를 유지할 수 없다고 '경고'하는 것입니다.

평판의 법정에서 탈퇴한 사람들

이처럼 숨 막히는 명예 경쟁 사회의 맥락에서 신약성서를 읽으면, 그동안 보이지 않던 사실들이 떠오릅니다. 복음서에서 예수가 서기관과 바리새인, 사두개인들과 벌이는 논쟁은 단순히 교리의 정확성을 따지는 것이 아니었습니다. 그것은 대중 앞에서 펼치는 치열한 '명예 전쟁'이었습니다. 나사렛 출신의 정규 교육도 받지 않은 비주류 예언자 예수가 당대의 종교 엘리트들에게 도전장을 내밀었습니다. "네가 무슨 권위로 이런 일을 하느냐"^{막 11:28}라는 질문은 명예를 염두에 둔 '도전'입니다. 그러나 예수는 그들의 논리를 뒤엎어 오히려 그들을 침묵하게 만듭니다. "그들이 백성 앞에서 그의 말을 능히 책잡지 못하고……놀라 침묵하니라."^{눅 20:26} 군중이 예수의 지혜에 환호할 때 '한정된 재화'인 명예는 종교 엘리트들에게서 예수에게로 이동합니다.

여기서 주목할 점은 예수와 그분의 상대 사이에 명백한 신분 차이가 있었다는 것입니다. 예수는 시골 출신의 장인 계층이고, 상대는 종교계 고위층이었습니다. 그러나 결정적인 것은 신분이 아니라 평판의 법정인 군중이 누구의 손을 들어 주는가였습니다. 명예가 곧 생명인 사회에서 공개적으로 수치를 당해 대중 앞에서 '사회적 죽음'을 맞은 종교 지도자들이 예수를 죽이려 한 것은, 그들의 입장에서 보면 잃어버린 명예를 회복하기 위한 절박한 수순이었을 것입니다.

바울 서신도 '명예와 수치'의 관점에서 보면 잘 안 보이던 내용이 눈에 들어오기 시작합니다. 특히 다음과 같은 바울의 가르침은 로마 세계의 상식을 뒤엎는 것이었습니다. "존경하기를 서로 먼저 하며"(τῇ τιμῇ ἀλλήλους προηγούμενοι).^{롬 12:10} 이 구절은 단순히 예의를 지키라는 말이 아닙니다. 원어의 뉘앙스를 살리면 "남의 명예를 높여 주는 경쟁에서 서로 앞서라"는 것입니다.

남을 깎아내려야 내가 사는 제로섬 사회 한복판에서, 바울은 정반대로 "남의 명예를 위해 투쟁하라"고 외칩니다. 현대 자본주의 사회에서 다른 사람이 더 많은 돈을 벌도록 애쓰고 노력하라고 요구하는 셈입니다.

초기 그리스도인들이 이처럼 상식을 뒤엎는 삶을 살고 상상할 수 있었던 원천은 무엇일까요? 그것은 그들이 세상의 명예와 수치라는 가치 체계에서 과감히 탈퇴했기 때문입니다. 고대 세계의 여러 집단들은 평판의 법정을 각기 다른 곳으로 옮겼습니다. 어떤 철학자들은 세상의 관습에 젖은 대중 대신 진리를 아는 자신들의 공동체를 평판의 법정으로 삼았고, 유대인들은 토라와 하나님을 기준으로 삼았습니다. 그리스도인들은 한 걸음 더 나아갔습니다. 그들은 오직 예수와 하나님만을 자신들의 심판관으로 삼았습니다.[13] 진정한 명예는 하나님에게서만 나온다고 믿었던 것이지요. 물론 현실적으로는 이를 온전히 실현하는 데 많은 어려움이 있었을 것입니다.

하지만 '예수 숭배자들'(그리스도인들)은 로마 황제가 아닌, 십자가형이라는 가장 수치스러운 죽음을 당한 예수를 '주'($\kappa\acute{\upsilon}\rho\iota\upsilon\varsigma$)로 고백했습니다. 로마인들의 눈에 십자가는 수치의 극치였습니다. 십자가형은 반역자와 노예에게나 내리는, 가장 모욕적인 사형 방법이었기 때문입니다. 그러나 그리스도인들에게 이 십자가는 인류를 구원한 하나님의 능력이자 최고의 영광($\delta\acute{\upsilon}\xi\alpha$)이었습니다. 그들은 이미 '하나님의 자녀'라는 최고의 명예를 얻었다고 확신했기에, 세상의 썩어질 명예 경쟁에 더 이상 연연하지 않을 수 있었던 것 같습니다. 사실 '신의 자녀'라는 신분은 황제와 그 가족에게나 해당되는 말이었으니까요.

하나님만이 참된 명예의 수여자이심을 믿는 것, 그리고 가장 낮은 자의 모습으로 오셔서 가장 수치스러운 죽음을 당한 예수를 따르는 것, 이것이 바로 고대 교회가 세상의 가치를 전복시킨 힘입니다. 그들은 평판의 법정의 폭정에서 벗어나, 하나님이라는 새로운 법정 앞에 섰습니다. 그 법정에서 내려오는 판결은 세상의 것과 정반대였습니다. 겸손한 자가 높아지고, 섬기는 자가 으뜸이 되며, 자기를 낮추는 자가 명예를 얻었습니다.

오늘날 많은 이들이 SNS의 '좋아요' 수에 일희일비하고, 남의 시선에 자신을 맡기며, 자신의 가치를 뽐내기 위해 온갖 노력을 들여 남이 부러워할 만한 사진을 올립니다. 다른 사람의 SNS를 보고 심각한 우울감과 상대적 박탈감을 느끼는 사람도 많습니다. 이처럼 남보다 앞서고 돋보이려는 욕망이 지배하는 세상 속에서 교회가 똑같은 방식으로 돈과 권력과 지위를 추구한다면, 이미 맛을 잃은 소금일지도 모릅니다. "자신의 기득권을 내려놓고 타인을 높이는 경쟁을 하라"는 바울의 권면이 비현실적으로 들리는 시대에, 교회는 그 권면을 현실로 살아 내고 구현하는 성스러운 무리가 되어야 할 것입니다.

하나님에 의해 알려진 $\dot{\upsilon}\pi\grave{o}$ $\theta\varepsilon o\tilde{\upsilon}$

그분이 나를 먼저 아셨다

질문의 재구성: 대상에서 주체로

그리스도인은 하나님을 더 알고 싶어 합니다. 이런 바람은 많은 경우 하나님의 존재에 대한 질문과 커다란 교집합을 이룹니다. 그리스도인은 시도 때도 없이 다가와 자신 혹은 타인의 삶을 흔들어 놓는 고통과 악을 마주할 때, '하나님이 정말 계신가' 하고 묻거나 '안 계신 듯한' 하나님을 찾고자 합니다. 이런 질문은 종종 '인간이 하나님을 알 수 있는가'라는 질문, 다시 말해 '하나님을 아는 지식이 가능한가'라는 질문으로 이어지기도 합니다.

몹시 어려운 문제에 답하기 위해서는 때로 접근하는 시각을 바꾸는 일이 필요합니다. 관점의 변화가 새로운 통찰을 길어 올릴 때가 있습니다. 바울이 갈라디아 신자들에게 보낸 편지의 한 구절^{갈 4:8-9}에서 우리의 관점을 바꾸게 할 만한 의미심장한 표현을 찾을 수 있습니다.

그러나 너희가 그때에는 하나님을 알지 못하여 본질상

하나님이 아닌 자들에게 종노릇하였더니 이제는 너희가

하나님을 알 뿐 아니라 **더욱이 하나님이 아신 바 되었거늘**

어찌하여 다시 약하고 천박한 초등학문으로 돌아가서

다시 그들에게 종노릇하려 하느냐.

그런데 전에는 여러분이 하나님을 알지 못해서, 본디

하나님이 아닌 것들에게 종노릇을 하였지만, 지금은,

여러분이 하나님을 알 뿐만 아니라, **하나님께서 여러분을**

알아주셨습니다. 그런데 어찌하여 그 무력하고 천하고 유치한

교훈으로 되돌아가서, 또다시 그것들에게 종노릇하려고

합니까?^{새번역}

강조 표시된 문장은 매우 심오하지만 안타깝게도 우리말로 제대로 번역하기가 어렵습니다. 능동에서 수동으로 급격히 전환되는 묘미를 살리지 못하고, 바울이 자기가 한 말을 재빨리 수정하는 모습[14]도 포착하지 못합니다. 영어 성서는 헬라어 본문의 구조와 뉘앙스를 보다 잘 살려 번역합니다.

νῦν δέ, γνόντες θεόν, μᾶλλον δὲ γνωσθέντες ὑπὸ θεοῦ

Now, however, that you have come to know God, **or rather to be known**

by God.^{NRSV}

거칠더라도 우리말로 직역하면 다음과 같습니다.

그러나 이제 여러분은 하나님을 압니다(γνόντες θεόν).

아니, 그보다는, 여러분은 아는 바 되었습니다(γνωσθέντες),
하나님에 의해(ὑπὸ θεοῦ).

여기서 '알다'라는 뜻을 지닌 동사 기노스코(γινώσκω)가 두
차례 나오는데, 하나는 능동태 분사, 다른 하나는 수동태 분사로
쓰였습니다. 능동태(여러분은 하나님을 압니다)와 수동태(여러분은
하나님에 의해 아는 바 되었습니다)가 대비를 이루는 가운데, 뒤에
나오는 수동태가 앞의 능동태를 즉각 수정합니다. 즉 수동태에
강조점이 있습니다.

You came to know God.

You are known by God.

바울은 능동태에서 수동태로 급작스러운 변화를 주어 수동
태의 의미가 전면에 도드라지게 만듭니다. 그러면서도 능동태
로 표현된 의미를 아예 없애 버리지는 않습니다. 바울이 자신의
말을 수정하는 수사적 기술을 쓴 이유는 무엇일까요? 이는 하나
님의 주도권을 강조하는 표현으로, 우리가 하나님의 존재에 대
해 질문하기 전에 이미 하나님이 먼저 자신을 드러내어 우리에
게 다가오신다고 바울은 말하고 싶었기 때문입니다.[15]

이 수동태 구문은 매우 짧으나 그 안에 담긴 풍성함은 긴 설
명을 필요로 합니다. 그리고 설명을 이해하고 나면, 이 짧은 구
문의 깊이와 밀도와 강도를 비로소 음미할 수 있습니다. 우리는
이를 통해 '하나님은 존재하는가', '하나님을 어떻게 알 수 있는
가'라는 질문, 더 나아가 '하나님을 정말 알 수 있는가'라는 질문

자체를 새로운 눈으로 살피고 재구성하여 신앙의 깊이에 한 걸음 더 들어갈 수 있습니다.

그렇다면 질문의 재구성이란 구체적으로 무엇을 의미할까요? 그것은 우리가 던지는 질문의 방향을 바꾸는 것입니다. '하나님이 존재하는가'라는 질문은 하나님을 우리 인식의 대상으로, 판단의 객체로 놓습니다. 마치 우리가 법정에 서서 하나님의 존재 여부를 심판하는 듯한 자세입니다. 하지만 바울의 수동태 표현은 이 관계를 뒤집습니다. 인식 주체는 우리가 아니라 하나님입니다. 판단하는 자리에 서 있는 것은 우리가 아니라 하나님입니다. 이는 내가 하나님에 대해 질문하는 그 순간 이미 하나님은 나보다 나에게 더 가까이 계시고, 내가 나를 아는 것보다 나를 더 많이, 아니 완전히 아신다는 뜻입니다. '앎'의 기초가 하나님이며, 하나님은 앎의 대상이 아니라 주체라는 말입니다. 이러한 점에서 다석 유영모의 말은 바울이 말하려는 바에 맞닿아 있습니다. "사람이 생각하는 것은 신이 있어서 생각하는 것입니다.……생각이 있는 곳에 곧 신이 있습니다."[16]

따라서 우리가 던져야 할 질문은 '하나님은 존재하는가'가 아니라 '하나님이 나를 어떻게 아시는가', '하나님이 나를 아신다는 것이 나에게 무엇을 뜻하는가', '하나님이 이미 나를 아신다면 나는 어떻게 살아야 하는가'가 됩니다. 이것이 바로 바울이 제시하는 관점의 전환입니다.

기노스코의 반전: 내가 아는 것이 아니라 알려지는 것
우리가 이모저모로 관찰하고 궁리하고 탐구해서 하나님을 알게 되는 것이 아닙니다. 하나님이 우리를 먼저 아셔서, 우리가 하나

님을 알게 됩니다. 질문의 순위와 순서를 이렇게 바꾸고 다시 본문을 살펴보겠습니다. 아모스 3:2과 예레미야 1:5에서 볼 수 있듯이, '알다'라는 단어는 구약성서에서 하나님을 주어로 할 때 '사랑으로 선택하다'라는 의미를 지닙니다. 바울에게는 하나님께 알려지는 것과 선택받는 것 사이에 차이가 없습니다. ^{롬 8:29}[17] 한편, 우리는 고린도전서 13:12도 눈여겨볼 필요가 있습니다.

> 지금은 우리가 거울로 영상을 보듯이 희미하게 보지만, 그때에는 얼굴과 얼굴을 마주하여 볼 것입니다. 지금은 내가 부분밖에 알지 못하지만, **그때에는 내가 하나님께 온전히 알려진 바 된 것처럼, 내가 온전히 알게 될 것입니다**(τότε δὲ ἐπιγνώσομαι καθὼς καὶ ἐπεγνώσθην). ^{새번역, 저자 부분 수정}

이 문장에 나오는 동사는 기노스코(γινώσκω)에 전치사 에피(ἐπί)가 붙어서 뜻이 강화된 에피기노스코(ἐπιγινώσκω)입니다. 직역하면 '확실히 알다', '온전히 알다' 정도가 됩니다. 하나님이 우리를 아시는 것은 이미 일어난 일이며, 이에 비해 우리가 하나님을 온전히 아는 것은 나중에 하나님과 얼굴을 맞대고 볼 때에야 일어날 사건으로 미래의 지평에 놓여 있습니다. 그러므로 하나님을 안다면서 어떤 사건이나 상황을 판단하려 할 때는 늘 삼가고 신중해야 합니다.

"하나님께 알려짐", 곧 하나님의 주도적인 "먼저 행하심"을 깊이 깨닫는 것이 하나님의 존재에 대한 의문을 해소하는 하나의 길이 될 수 있습니다. "하나님에 의해 알려진 바" 되었다는 사실은 우리를 좀 더 편안하게 하고 염려에서 해방시켜 주는 동시에 우리를 불편하게 만들기도 합니다. 하나님이 우리의 모든 것을 아신다는 사실이 피할 수 없는 긴장을 불러일으키기 때문입니다. 심판자이자 창조주이신 그분 앞에서 우리는 무엇도 숨길 수 없습니다. ^{마 7:23 참고}

하지만 우리가 하나님을 알려고 하기 전에, 그리고 우리가 어떤 생각을 품고 어떤 행동을 했는지 상관없이 이미 하나님이 우리를 사랑으로 아시고 선택하셨다는 사실을 늘 기억하면, 우리는 필사적인 노력을 하지 않고도 평안할 수 있습니다. 왜냐하면 "하나님은 미리 선택한 사람들을 미리 정하시기를 그 아들의 모습과 같은 모양이 되게 하셨기 때문입니다."^{롬 8:29, 새한글성경} 때로 파도 같은 부침이 있더라도, 그리스도인은 하나님을 사랑하는 사람입니다. ^{롬 8:28} 그러니 바울의 이 말도 마음에 새기면 좋을 것입니다. "누군가 하나님을 사랑한다면, 그 사람은 하나님에 의해 알려진 자입니다"(εἰ δέ τις ἀγαπᾷ τὸν θεόν, οὗτος ἔγνωσται ὑπ' αὐτοῦ). ^{고전 8:3, 새한글성경} 하나님에 대한 사랑은 하나님께 알려진 사람이라는 증거입니다. 요한복음에서 예수는 이렇게 말씀하십니다. "나야말로 좋은 목자여서 내 양들을 알고 내 양들도 나를 압니다. 아버지께서 나를 아시고 나 자신도 아버지를 아는 것과 마찬가지입니다. 나는 양들을 위해 내 목숨을 내놓습니다."^{요 10:14-15, 새한글성경}

또한 "하나님께 알려짐"은 그리스도인의 '정체성'을 구성합니다. 어느 글을 읽다가 다음의 대목을 발견했습니다.

제1차 세계 대전에서 영국은 신원 미상 군인들의 유해를 어떻게 표시해야 하는지에 대한 딜레마에 직면했다.

임페리얼 전쟁 묘지 위원회Imperial War Graves Commission의 일원인 러디어드 키플링Rudyard Kipling의 제안으로, 신원 미상의 영국 제국 군인들의 무덤에는 모두 "하나님께 알려진 자"Known unto God라는 문구가 표시되었다. 이 가슴 아픈 비문은 그 안에 묻힌 사람에게 그렇지 않았다면 거부되었을 중요성과 정체성을 부여했다.[18]

디트리히 본회퍼는 처형되기 1년 전에 이런 시를 썼습니다. "내가 누구이든, 당신은 나를 아시고, 나는 당신의 것, 오 하나님!"[19]

하나님의 '앎'을 나중에야 깨닫게 되는 경우도 있습니다. 예를 들어 바울은 갈라디아서에서 하나님이 자신을 모태에서 이미 구별하셨다고 말하는데, 이런 깨달음은 그리스도를 만나고 나서야, 다시 말해 한참 삶을 살다가 나중에 온 것입니다. 그러한 깨달음과 신뢰를 바탕으로 우리는 희망을 갖게 되고 그 "희망으로 구원받습니다."롬 8:24

하나님에 의해 먼저 알려진 바 된 사람은, 이상하기 짝이 없고 무의미해 보이는 '현실' 속에서 어쩔 줄 몰라 하면서도 서성거리며 하나님을 기다리는 사람이 됩니다. 이 기다림의 바탕에는 믿기 어려운 사실이 자리 잡고 있습니다. 하나님이 우리를 먼저 "아셨고" 온전히 아신다는 사실이 주는 위로, 그리고 그 사실에 토대를 둔 기이한 희망 말입니다. 디모데후서에서 바울은 이렇게 말합니다. "하나님이 놓으신 튼튼한 토대는 든든히 서 있네. 그 토대에는 이런 인증 글이 새겨져 있네. '주님이 자기 사람들을 아셨다.'"딤후 2:19, 새한글성경

클레토스κλητός와 아가페토스ἀγαπητός

신자의 정체성을 규정하는 이름표

'그리스도인'이라는 낯선 이름

오늘날 우리는 예수를 믿는 사람을 '기독교인'이나 '그리스도인'이라고 부릅니다. 하지만 바울이 편지를 쓰던 1세기에는 이런 단어가 아직 존재하지 않았습니다. 사도행전 11:26을 보면 안디옥에서 처음으로 '그리스도인'이라는 이름이 불리기 시작하는데, 이 역시 공동체 내부가 아니라 외부 사람들이 붙인 호칭이었습니다. 그렇다면 예수를 믿고 따르던 초기 신자들은 스스로를 뭐라고 불렀을까요?

그 실마리는 바울이 교회 공동체를 부를 때 사용한 표현에서 찾을 수 있습니다. 복음과 신자의 정체성을 가장 정교하게 설명하는 로마서 1:7을 먼저 살펴보겠습니다.

로마에서 하나님의 사랑하심을 받고 성도로 부르심을 받은 모든 자에게 하나님 우리 아버지와 주 예수 그리스도로부터 은혜와 평강이 있기를 원하노라.

여기서 바울은 로마의 신자들을 "하나님의 사랑하심을 받은 사람들"(ἀγαπητοί θεοῦ), "성도로 부르심을 받은 사람들"(κλητοί ἅγιοι)이라고 부릅니다. 여기서 중심이 되는 단어는 아가페토이(ἀγαπητοί)와 클레토이(κλητοί)입니다. 둘 다 동사에서 파생된 형용사로, -토스(-τός)로 끝나는 형태는 대개 '~되어진'이라는 수동적 의미를 갖습니다.[20] 따라서 아가페토스(ἀγαπητός)는 '사랑받은 사람', 클레토스(κλητός)는 '부름받은 사람'이라는 뜻이 됩니다.

아가페토스(ἀγαπητός)의 뉘앙스를 제대로 이해하려면 헬라어 사전의 도움을 받아야 합니다. 가장 권위 있는 신약성서 헬라어 사전은 이 단어의 핵심 의미를 두 가지로 정리합니다. 첫째, 특별한 관계에 있는 사람에 대한 것으로 '유일한, 유일하게 사랑받는'이라는 의미입니다. 둘째, 깊이 사랑받는 사람에 대한 것으로 '사랑하는, 소중한, 귀중한, 소중히 여겨지는'이라는 의미입니다.[21]

당시 헬라어에서는 이런 형용사가 정관사 없이 명사처럼 쓰이기도 했습니다. 그래서 바울이 로마의 신자들을 '아가페토이 테우'(ἀγαπητοί θεοῦ)라고 부를 때, 공동체는 그들 자신을 '하나님께 특별히 사랑받는 사람들'로 이해했습니다. 반면에 클레토스(κλητός)는 '초대받은, 부르심을 받은, 환영받는'이라는 의미를 갖습니다.[22] 마태복음 22:14("청함을 받은 자는 많되 택함을 입은 자는 적으니라", κλητοὶ πολλοί……)에서 보이는 것처럼, 이 말은 하나님 나라의 초대라는 이미지를 강하게 담고 있습니다. 로마서 1:7과 고린도전서 1:2에 나오는 클레토이 하기오이(κλητοὶ ἅγιοι, 부르심을 받은 성도)도 같은 맥락입니다. 즉 성도란 '초대받은 이들', '환영받는 이들'을 뜻합니다.

이 두 표현은 모두 구약성서의 선민 사상(하나님의 주도적 선택)과 깊이 연결됩니다. 칠십인역에는 이스라엘이 하나님의 "사랑받는 자들"(ἀγαπητοί)로 반복해서 등장합니다. 시편 60:5,[칠십인역 59:7] 108:6,[칠십인역 107:6]과 이사야 5:7의 '사랑받는 포도나무' 비유가 대표적입니다.[23] 클레토스도 마찬가지입니다. 이사야 48:12, 41:9, 43:1 등에서 하나님은 이스라엘을 "내가 부른 자"라고 부르시지요.[24]

이러한 구약적 맥락은 신약에 이르러 그리스도와의 관계 속에서 더욱 선명해집니다. 가령 클레토이 이에수 크리스투(κλητοὶ Ἰησοῦ Χριστοῦ, 예수 그리스도의 부르심을 받은 자들)라는 구문에서 속격은 소유의 의미로 읽는 것이 자연스럽습니다.[25] 즉 신자란 '그리스도에게 속한 사람들'입니다.

'그리스도인' 대신 '부름받은 사람'이라고 불린다면

우리는 "먼저 사랑받고 부름받은 존재"입니다. 너무 익숙해서 새삼스럽지 않게 들릴 수도 있지만, 누군가가 우리를 향해 직접 "사랑받은 사람", "부름받은 사람"이라고 부른다고 상상해 보십시오. 조금 낯설지만, 오히려 더 정확하고 구체적인 정체성이 되는 느낌이 들지 않나요? 동시에 내가 정말 그 이름에 걸맞은가 하고 스스로 질문하게 만들기도 합니다. 마음 깊은 곳에서 묵직한 울림이 일어납니다. 이런 작은 상상이 우리의 영성에서 굳어버린 부분을 부드럽게 풀어낼 수도 있습니다. 나라는 존재는 기본적으로 수동적으로 규정된 존재입니다. 하나님이 먼저 나를 부르시고 사랑하셔서 나는 내가 될 수 있는 것입니다.

자존감이라는 용어가 여전히 유행하고 있습니다. 타인의 평가에 휘둘리지 않고 나 자신을 온전히 받아들이면 자존감을 유지할 수 있다는 말을 자주 듣습니다. 언뜻 맞는 말 같아서 그렇게 되기를 바라며 노력을 기울이지만, 실제로는 잘되지 않는 경우가 많습니다. 사실 '필패'할 수밖에 없지요. 자존감의 뿌리를 우리 안에 두려고 하기 때문입니다. 클레토스와 아가페토스라는 단어는 자존감의 뿌리가 우리 '밖'에 있다고 말합니다. 하나님이 먼저 우리를 부르시고 사랑하셔서, 우리는 현재의 우리로 존재하게 되었습니다. 우리의 정체성은 '밖'으로부터, 곧 흔들릴 수 없는 하나님으로부터 주어진 것입니다. 그렇기에 우리의 자존감, 우리 자신을 긍정하는 일은 흔들릴 수 없습니다.[26]

선택과 부름: 또 하나의 '예정설'

하나님의 부르심은 하나님의 선택, 곧 미리 정하심과 관련 있으며, 이는 즉각 골치 아픈 예정설을 떠올리게 합니다. 지금은 로마서 8장에 나오는 복잡한 '예정설' 본문 대신 또 다른 '예정설' 본문을 살펴보겠습니다. 고린도전서 1:27-28입니다.

세상의 바보 같은 것들을 하나님이 선택하셨습니다.
지혜로운 사람들을 창피하게 하시려고 한 것입니다.
또 세상의 약한 것들을 하나님이 선택하셨습니다.
힘센 것들을 창피하게 하시려고 한 것입니다.
세상의 신분 낮은 것들과 밖으로 밀려난 것들, 곧 '없는
것들'을 하나님이 선택하셨습니다. '있는 것들'이
맥을 못 쓰게 하시려고 한 것입니다. 새한글성경

이 본문에는 "하나님이 선택하셨습니다"(ἐξελέξατο ὁ θεός)라는 표현이 세 번이나 등장합니다. 반복되는 단어나 문구를 될 수 있으면 생략했던 고대 헬라어에서 틀림없는 강조의 표현입니다. 따라서 하나님의 선택 혹은 '예정'을 말하는 본문으로 꼽기에 손색이 없습니다. 이 본문을 보면, 하나님의 행동이 가진 가장 중요한 특성은 인간이 만들어 놓은 가치 체계를 무가치하게 여긴다는 점에 있습니다. 하나님의 부르심은 조상(가문), 교육, 사회적 힘처럼 사람들과 사회가 당연히 여기는 가치를 무시합니다. ^{고전 1:26-31} (고린도 교회의 문제적 상황을 수사적으로 꼬집으면서 한 말이라는 점을 고려하더라도, 이런 묘사가 실제 상황과 많이 겹치지 않으면 바울의 수사적 표현에 힘이 실리지 않았을 것입니다.) 하나님이 성별, 부, 지위, 권력, 외모, 학력, 출신 배경, 국적, 인종을 구별하거나 따지지 않으시는데, 교회와 신자가 이런 가치 체계에 여전히 얽매여 있다면 이는 하나님의 뜻을 거스르는 일입니다. 하나님의 뜻을 묻는 기도를 매일 하면서, 이렇듯 명확한 하나님의 뜻을 구현하지 않는다면 얼마나 앞뒤가 맞지 않는 일인가요?

우리는 하나님의 부르심을 받은 사람입니다. 우리는 하나님의 사랑을 받은 사람입니다. 이 하나님은 인간이 만들어 놓은 가치 체계를 전혀 중요하게 여기지 않는 분입니다. 우리 자존감의 근거는 하나님께 있습니다. 그래서 우리는 하나님의 사랑을 받은 사람(아가페토스)일뿐만 아니라 하나님을 능동적으로 사랑하는 사람^{롬 8:28}이 됩니다.

우리가 알거니와 하나님을 사랑하는 자(τοῖς ἀγαπῶσιν τὸν θεὸν, 토이스 아가포신 톤 테온) 곧 그의 뜻대로 부르심을 입은

자들(τοῖς κατὰ πρόθεσιν κλητοῖς οὖσιν, 토이스 카타 프로테신

클레토이스 우신)에게는 모든 것이 합력하여 선을 이루느니라.

하나님이 우리를 부르시고 사랑하신 이유

데살로니가전서에서 바울은 데살로니가 신자들을 "하나님의 사랑하심을 받은 형제들"(ἀδελφοὶ ἠγαπημένοι ὑπὸ τοῦ θεοῦ)이라고 부릅니다. 그러면 하나님은 왜 우리를 부르셨을까요? 왜 사랑하셨을까요? 바울은 이 편지에서 하나님의 부르심의 이유를 다음과 같이 이해합니다. [살전 2:12]

이는 너희를 부르사 자기 나라와 영광에 이르게 하시는

하나님께 합당히 행하게 하려 함이라.

즉 하나님이 우리를 부르신 이유는, 우리가 "하나님께 어울리게끔 살아가도록", 그리고 "하나님의 나라와 영광에 들어오도록" 하는 데 있습니다. 같은 편지에서 바울은 이렇게도 말합니다. [살전 4:7]

하나님께서 우리를 불러 주신 것은, 더러움에 빠져

살게 하시려는 것이 아니라, 거룩함에 이르게 하시려는

것입니다. [새번역]

우리는 하나님의 뜻을 알고 싶어 할 때가 참 많습니다. 그런데 성서에 분명히 나와 있는 하나님의 뜻에 주목하지 않을 때도 많습니다. "거룩함에 이르는 것"이 "하나님의 뜻"입니다! [살전 4:3]

수동태 신학: 은혜의 문법

로마서 1:7의 아가페토이스 테우 클레토이스 하기오이스
(ἀγαπητοῖς θεοῦ κλητοῖς ἁγίοις, 하나님의 사랑하심을 받고 성도로 부르심을 받은 모든 자에게)라는 문장은 바울의 은혜 신학을 압축적으로 드러내는 신학적 진술입니다. -토스(-τός) 어미(앞의 -τοῖς는 -τός의 복수형 여격입니다)를 가진 수동형 동사적 형용사들의 선택은 우연이 아닙니다. 이는 신자의 정체성이 전적으로 하나님의 주권적이고 선행하는 행위에 근거함을 문법적 차원에서 강조합니다. 이러한 수동성의 신학은 로마서 전체를 관통하는 은혜론의 문법적 표현입니다.[27]

결국 바울이 로마서 첫머리에서 선택한 두 단어(사랑받은 사람, 부르심받은 사람)는 단순한 신학 개념이 아니라, 그리스도인이 누구인지 가장 압축적으로 말해 주는 정체성 선언입니다. 그 중심에는 인간의 업적이 아니라 하나님의 일하심이 놓여 있습니다. 삶의 한가운데서 이 두 단어를 자기 이름처럼 붙잡을 수 있다면, 신앙은 더 이상 막연한 사유가 아니라 존재의 깊은 자리에서 우리를 일으키는 힘이 되고, 하나님의 뜻에 부합하는 우리 삶의 목적을 한결같이 지시하는 이정표가 될 것입니다.

어린이παιδίον

사회적 죽음을 껴안은 예수

5월, 어린이날 즈음 설교들은 흔히 마가복음 9장 혹은 10장을 본문으로 삼아 어린이의 '순수함'을 본받거나 그들을 사랑하라는 도덕적 교훈으로 귀결되곤 합니다. 그러나 이런 접근은 본문이 지닌 역사적·사회적 폭발력을 상당 부분 탈각시킵니다. 1세기 로마 제국과 유대 사회라는 구체적인 역사적 맥락에서 어린이 (παιδίον, 파이디온)라는 헬라어 단어가 짊어지고 있던 사회적 무게를 복원해 보면, 예수의 말씀과 행동이 단순한 윤리적 권면을 넘어선다는 점을 알 수 있습니다. 마가복음 9:36-37은 다음과 같이 기록합니다.

그리고 어린이 하나를 데려다가(λαβὼν παιδίον) 그들 가운데 세우신 다음에, 그를 껴안아 주시고(ἐναγκαλισάμενος) 그들에게 말씀하셨다. "누구든지 내 이름으로 이런 어린이들 가운데 하나를 영접하면, 그는 나를 영접하는 것이요, 누구든지 나를 영접하는 사람은, 나를 영접하는 것보다, 나를 보내신 분을

영접하는 것이다."^{새번역}

늘 그렇듯이, 1세기 로마 제국 아래 그리스-로마 문화 및 유대 문화라는 배경에서 이 본문을 읽으면 평범해 보이던 예수의 행동(어린이를 "데려다가 껴안으시며")의 사회적 의미가 새롭게 다가옵니다.

어린이를 언급하는 고대 문서에 순수함이나 귀여움 같은 현대적인 감상을 투영하는 것은 시대착오적일 수 있습니다. 최근 십여 년 동안 그리스-로마 시대 어린이에 대한 연구가 활발해지면서, 고대 세계에서 어린이는 사회적 사다리의 가장 말단에 놓인 존재이며 생존 자체가 투쟁인 취약 계층이었음이 밝혀졌습니다. 그러나 아쉽게도 우리는 예수 시대의 어린이가 직접 남긴 기록을 가지고 있지 않습니다. 모든 자료는 어른이 어린이에 대해 생각하거나 전하는 것뿐이라는 사실의 한계를 먼저 인식하는 것이 중요합니다.

'불완전한 인간': 로마 사회의 가혹한 생존 지표

사회적 구분에 따르면 파이디온(παιδίον)은 대략 3세에서 12-13세 사이 아직 사춘기에 이르지 않은 어린이를 가리키는 용어입니다(히포크라테스의 고전적인 의학 분류에 따르면 파이디온은 0-7세를 가리킵니다). 이는 갓난아기를 뜻하는 브레포스(βρέφος, 0-2세)나,[눅 18:15] 더 일반적으로 어린이와 종을 모두 지칭할 수 있는 파이스(παῖς), 그리고 자녀 혹은 후손을 의미하는 테크논(τέκνον)과 구분됩니다.[28] 여자아이의 경우 초경과 잠재적 가임 능력이 중요한 구분 표지였습니다.

로마에서는 7세 이전을 인판스(*infans*, 말하지 못하는 자), 7-14세를 푸에르(*puer*, 아동) 또는 푸에리티아(*pueritia*, 아동기)로 분류하고, 이후 사춘기를 기준으로 차례차례 성인으로 옮겨 간다고 생각했습니다. 남성은 14세, 여성은 12세에 법적으로 혼인이 가능했습니다.[29] 그러나 파트리아 포테스타스(*patria potestas*)로 불리는 '가부장권' 아래 아들은 나이나 사회적 성취와 무관하게 아버지가 죽기 전까지 법적으로 '아버지 권력 아래 있는 자'로 간주되었습니다.[30] 남성의 경우 사춘기 이후에도 군복무와 공적 직무, 혼인, 경제적 책임을 져야 '완전한 어른'으로 간주되었지만, 여성은 사춘기와 혼인이 곧바로 어린이에서 성인으로의 전환을 의미했습니다.[31]

로마 제국 내에서 어린이의 삶은 극도로 위태로웠습니다. 인구통계학적 추정에 따르면 신생아의 약 30퍼센트가 첫돌을 넘기지 못했으며, 약 50퍼센트가 10세가 되기 전에 목숨을 잃었습니다. 가장 신뢰할 수 있는 데이터를 제공하는, 기원후 1-3세기 로마 제국 시대 이집트의 인구 조사 신고서를 보면, 15세 이하가 전체 인구의 3분의 1을 차지했고 평균 수명은 22-25세였습니다.[32] 박테리아나 전염병의 원인과 경로에 대해 전혀 지식이 없었던 시기이므로, 부유함이나 높은 지위도 긴 수명을 보장해 주지 못했습니다. 1-7세기 동안 암살 등 외부 요인을 제외하고 자연사로 죽은 황제들의 평균 수명은 26.3세에 불과했습니다.[33]

이처럼 높은 사망률 때문에 당시 사람들은 갓난아기를 '아직 완성되지 않은 인간' 혹은 '식물과 같은 상태'로 생각했습니다.[34] 로마인들에게는 3세 미만의 어린이가 죽었을 때 장례를 치르지 않거나 애도하지 않는 관습이 있었는데, 이는 어린이가 아직 사회 구성원^{person}으로 완전히 편입되지 않았음을 보여줍니다.[35] 그럼에도 키케로나 플루타르코스가 아이를 잃은 사람에게 위로의 편지를 보낸 것을 보면, 아이에 대한 애틋함과 소중히 여기는 마음도 동시에 엿볼 수 있습니다.

더욱 냉혹한 현실은 영아 유기와 영아 살해가 만연했다는 점입니다. 불임을 신의 처벌이라고까지 생각했던 고대인이 왜 어렵게 태어난 데다 생존 여부도 희박한 아이를 버리거나 죽이기까지 했을까요? 너무 가난해서 아이를 키울 수 없다고 판단했거나, 기형 혹은 원하는 성별이 아니거나(남자아이를 선호하는 로마인들의 관습), 유산을 나누는 데 문제가 생길 경우나, '아버지가 없는' 경우(과부나 이혼 여성의 아이) 등 여러 이유가 겹쳐서 벌어진 일로 추정됩니다. 넉넉하지 못한 가정에 속한 노예 여성이 출산할 경우, 경제적으로 큰 부담이 되므로 아이는 버려져야 했지요. 이런 판단은 어느 정도 임의적으로 이루어졌던 것으로 보입니다. 예를 들어 작황이 좋지 않을 때 농부의 가정에서 태어난 아이를 유기하기로 결정했을 수도 있습니다.[36]

발견 당시 세상을 떠들썩하게 했던 기원전 1세기 이집트의 파피루스 편지를 소개합니다. P.Oxy. 4.744

힐라리온이 누이(여기서는 부인을 뜻합니다) 알리스에게 진심 어린 안부를 전하며, 고귀한 베로우스와 아폴로나리온에게도 안부를 전합니다. 우리가 지금까지도 알렉산드리아에 머물고 있음을 알려 드립니다. 다른 모든 사람이 돌아갈 때 내가 알렉산드리아에 남아 있더라도 걱정하지 마세요. 어린아이(παιδίον, 파이디온)를 잘 돌봐 주시길 간청하며,

임금을 받는 대로 당신에게 보내 드리겠습니다. 행운을
빕니다만, 아이를 낳게 된다면, 남자아이(ἄρσενον)라면
살려 두고 여자아이(θήλεα)라면 버리세요. 당신은
아프로디시아스에게 "나를 잊지 마세요"라고 말했습니다.
내가 어떻게 당신을 잊을 수 있겠습니까? 그러니 걱정하지
마시길 부탁드립니다.

카이사르 치세 29년, 파우니 23일

부부간의 애틋함이 가득한 편지에 섬뜩한 부탁이 함께 적
혀 있습니다. 너무 담담해서 더 충격적이지요. "아이를 낳게 된
다면, 남자아이라면 살려 두고 여자아이라면 버리세요." 어떤
연구에 따르면 비교적 규모가 큰 가정에서도 둘째 딸은 사실상
길러지는 일이 많지 않았다고 합니다. 여자아이는 결혼을 위한
지참금이 필요했고 가계 수입에도 별로 도움이 되지 않아서, 남
자아이보다 재정적 부담이 컸던 것 같습니다.

유대교는 율법에 따라 영아 살해를 엄격히 금지했지만, 로
마 제국의 문화적 압력과 빈곤 속에서 어린이, 특히 여자아이와
장애아는 생존권조차 보장받지 못하는 처지에 있었습니다. 이
런 관습의 배경에는 로마 시대 가장(*paterfamilias*)이 자신의 가
족에 대해 실질적으로 '생사여탈권'을 행사할 수 있었던 사실과
관련이 있습니다. "아버지가 자녀를 실제로 처형하는 일은 극히
드물었으나, 신생아를 가족으로 받아들일지 아니면 유기할지 결
정할 권리는 가장의 특권"이었습니다.[37]

철학적으로도 어린이는 불완전한 존재였습니다. 스토아 철
학에서 어린이는 이성(*logos*)이 결여된 상태이자 동물적 욕구에

지배당하는 존재로 간주되었습니다. 플라톤에서 아리스토텔레스, 필론에 이르는 광범위한 고대 저자들은 로고스의 부재 혹은 비활성화를 유아기의 중요한 특징으로 간주했습니다. 따라서 교육의 목표는 엄격한 훈육을 통해 아이의 야만성을 꺾고 이성적인 성인 남성으로 만드는 것이었습니다.

용맹한 남성성을 찬양하고 폭력이 만연했던 로마 사회답게(검투사 경기를 떠올려 보십시오), 교육에도 폭력과 위협이 수반되곤 했습니다. 초등 교육에 체벌이 자주 가해졌다는 기록이 있고 벽화도 남아 있습니다. 폭력을 견디는 것을 남자로서 '인내'를 기르는 것으로 생각했지요. 이런 가혹한 교육 환경은 엄한 처벌만이 완고하고 자제력 없는 어린이를 원숙하고 자기 절제를 하는 이상적인 어른으로 만들 수 있다는 고대의 보편적 믿음에 근거했습니다.[38] 유대인도 이러한 면에서 크게 다르지 않았던 것 같습니다. 유대 지혜 문학은 이렇게 조언합니다. "어릴 때 그의 목을 굽히고, 유아일 때 그의 갈비뼈를 때려라(κλάσον τὰς πλευρὰς αὐτοῦ)."집회서 30:12[39]

예수의 껴안음: 버려진 자를 상속자로 세우는 입양 의식

이제 이러한 배경을 염두에 두고 상상해 보겠습니다. 예수께서 의도적으로 어린이를 "데려다가"(λαβὼν) "팔에 안으신"(ἐναγκαλισάμενος) 행동을 본 사람들은 어떤 생각이 들었을까요? 이 엔앙칼리사메노스(ἐναγκαλισάμενος, 껴안다)는 신약성서에서 오직 마가복음 9:36과 10:16에만 등장하는 독특한 단어입니다. 좀 놀랍게 들릴지도 모르지만, 어린이를 껴안는(들어올려 팔로 안는) 행동은 입양을 상징적으로 표현한 것으로 볼 수도 있습니

다. 과한 해석이 아니라 실제로 몇몇 신약학자는 그렇게 이해합
니다.[40]

고대 근동에서 로마 시대에 이르기까지 버려진 아이를 입
양하는 행위는 다양한 언어에서 유사하게 '데려다 들어올리는'
동작으로 표현되었습니다. 잘 알려진 의식적 행동으로는 로마
시대의 톨레레 리베룸(*tollere liberum*, 아이를 들어올리다)을 들 수
있습니다. 아버지나 가장이 신생아를 바닥에서 들어올림으로써
가정의 일원으로 받아들이는 상징적 제스처였습니다. 제 자식
으로 인정하고 양육하겠다는 공식적 승인인 것입니다.[41] 자식으
로 받아들여지지 않은 아기는 유기되었습니다. 유기된 아기는
추위, 굶주림, 짐승의 공격으로 죽거나, 다른 누군가에 의해 거
두어져 노예로 길러지거나 드물게는 수양 자식이 되기도 했습
니다.[42]

예수께서 어린이를 껴안으신 본문을 깊이 연구한 어느 학
자는 이렇게 말했습니다. "예수의 포옹은 입양의 포옹, 곧 부모
역할을 자처하는 행위로 볼 수 있다. 이어지는 복 주심은 그분이
죽기 전에 아이들에게 유산을 상속하고자 그들을 자녀 삼으셨
음을 드러내며, 바로 이런 방식으로 그들을 '구원'하신다는 뜻이
다."[43] 예수는 사회적으로 버려질 수 있는 존재, 무가치하게 여
겨지는 존재를 하나님의 가족으로 공개적으로 받아들이고, 그들
에게 상속권(구원)을 부여하는 상징적 행위를 하신 것입니다.[44]

당시 제자들은 길에서 "누가 가장 큰 사람이냐" 하고 논쟁
하고 있었습니다.[막 9:34] 그들은 명예와 권력을 추구하는 세상의
가치관, 곧 로마 제국의 신분 피라미드 구조에 사로잡혀 있던 것
입니다. 그런 그들 앞에 예수께서 사회적으로 가장 낮은 어린이

를 세우십니다. 그분은 아이를 데려다 껴안는 행동으로 제자들에게 중요한 하나님 나라의 진리를 가르치십니다. 이는 명예와 수치라는 고대 사회의 핵심 가치를 '무시하는' 혁신적 가르침이었습니다. 예수께서는 사회에서 '아무것도 아닌 존재'인 어린이에게 사랑을 베푸는 것이 곧 자신을 받아들이는 행동이며, 나아가 하나님을 받아들이는 행동이라고 단언합니다. 아무것도 아닌, 함부로 대해도 되는 존재를 받아들이는 것이 하나님을 받아들이는 행동이라는 선언은 대단히 역설적이어서 오히려 많은 이들의 기억에 남았을 것입니다. 단순한 논리를 떠난 혁명적 '선언'이었다고 해도 무리가 없을 것 같습니다.

가장 낮은 곳에서 시작된 하나님 나라의 혁명

예수의 혁명적 선언이 울려 퍼진 현장은 지극히 비정했습니다. 당시 로마 제국에서 어린이는, 권력을 선전하는 정치적 도구(황족)이거나 착취 대상(식민지 아동)이었습니다. 이성이 결여되어 훈육과 교정이 필요한 미성숙한 존재였습니다. 신체적으로는 남녀 구분이 아직 명확하지 않은 중성의 존재였습니다. 사회적으로는 생존이 불확실하여 완전한 인간으로 인정받지 못한 경계선상의 존재였습니다. 예수께서는 가장 낮고, 가장 약하고, 가장 가치 없다고 여겨지는 존재를 하나님 나라의 중심에 두셨습니다. 그리고 그들을 껴안으셨습니다.

우리 시대의 파이디온(παιδίον)은 누구입니까? 발언권이 없고, 경제적으로 무력하며, 사회적 안전망 밖에 있는 이들이 바로 예수께서 찾으시는 '어린이'입니다. 특히 빈곤한 어린이, 여자 어린이, 장애를 가진 어린이, 이주민 어린이, 학대받는 어린이가 오늘날의 파이디온입니다. 지금도 전 세계 수많은 어린이들이 전쟁과 가난, 착취, 학대 속에 살고 있습니다. 그러나 예수의 그 행동은 우리에게 다른 세계가 가능함을, 가장 작은 자가 가장 큰 자가 되는 하나님 나라가 이미 우리 가운데서 시작되었음을 보여줍니다.

존재의
전복

케팔레 고니아스κεφαλὴ γωνίας

머릿돌인가 이맛돌인가

우리는 성서를 읽을 때 '대략 그 뜻을 알 것 같다'는 느낌이 들면 더 이상 궁금해하지 않고 지나칠 때가 많습니다. 그러다가 본문이 전하는 소중한 목소리나 이미지를 놓치곤 하지요. 마가복음 12:10은 이런 문제를 잘 드러내는 사례입니다.

너희는 성경에서 이런 말씀도 읽어 보지 못하였느냐? "집을 짓는 사람이 버린 돌이 집 모퉁이의 머릿돌이 되었다."^{새번역}

당신들은 이런 성경 말씀을 읽어 본 적도 없소? "집 짓는 사람들이 내버린 돌, 바로 그 돌이 모퉁이의 머릿돌이 되었다."^{새한글성경}

익숙한 구절이지요. 예수께서 말씀 중에 시편 118:22을 인용한 부분입니다. 보통 우리는 이 구절을 '버려진 것이 나중에 귀하게 되었다'는 의미로 이해합니다. 이런 이해는 그 자체로 틀리지 않습니다. 그런데 조금 더 살펴보면 이 짧은 구절에 우리가 생각하는 것보다 훨씬 더 많은 신학적·역사적·건축학적 함의가 들어 있다는 사실을 깨닫게 됩니다.

하단의 기초인가, 상단의 정점인가

우리말 번역이 대개 '모퉁이의 머릿돌'로 옮긴 헬라어 단어는 케팔레 고니아스(κεφαλὴ γωνίας)입니다. 시편의 히브리어 표현을 직역한 것입니다. 우리말로 직역하면 '모서리의 머리' 정도가 되겠지요.

> κεφαλή=머리, 가장 높은 부분
>
> γωνία=모서리, 각

우리는 이 돌이 건물 하단의 모퉁이에 놓이는 돌, 곧 영어로 코너스톤cornerstone일 것이라 상상합니다. 이러한 시각은 전통적 번역과 주석의 관습에 의해 오랫동안 지배적이었습니다.

그런데 본문을 세밀하게 읽어 보면 의문이 생깁니다. 새한 글성경의 온라인판에는 다음과 같은 설명이 추가되어 있습니다. "집의 토대에는 질이 가장 좋은 돌만 쓸 수 있다. 집 짓는 사람들은 꼼꼼히 살펴보고 좋은 돌을 추려 낸다." 이 설명은 고대 건축술의 상식을 반영한 것입니다.

그렇다면 "집을 짓는 사람이 버린 돌"이라는 말은 그 돌이 건축 초기 단계, 곧 토대에 사용되지 않았다는 것을 의미합니다. 모퉁이 머릿돌은 반듯하고 균일한 모양이어야 할 것입니다. 그런 돌은 건축자가 버릴 이유가 없습니다. 돌을 쌓아 건물을 올

리기에 적절하지 않은, 다시 말해 반듯하지 않아서 '버려진' 돌
이 된 것으로 보는 것이 이치에 맞지요. 건축 초기에 버린 돌을
나중에 애써 다듬어 코너스톤으로 쓴다는 것은 전혀 상식적이
지 않습니다. 초기 작업을 엎고 처음부터 다시 진행한다는 말이
니까요. 이는 건축학적으로나 경제적으로나 비효율적인 공정입
니다.

이런 해석학적 난제를 해결할 만한 단서를 고대 유대 문헌
에서 찾을 수 있습니다. 케팔레 고니아스가 등장하는 자료들을
세밀하게 살펴보면, 이 단어가 건물 하단에 사용되는 돌을 가리
키는 말이 아님을 알 수 있습니다. 신약성서와 동시대 혹은 조금
후에 쓰여진 것으로 보이는 『솔로몬의 증언』[22:7-8, 23:1-4]에 다음과
같이 건축 장면이 상세히 묘사되어 있습니다.[45]

예루살렘이 건설되고 성전이 완공을 향해 나아가고 있을
때였습니다. 이제 하나님의 성전을 완성하기 위해 내가
케팔레 고니아스(κεφαλὴ γωνίας)에 놓으려는 거대한 주춧돌이
있었습니다. 모든 장인과 도움을 주던 모든 귀신이 그 돌을
가져와 성전 꼭대기(πτερύγιον)에 세우기 위해 같은 (장소로)
왔지만, 그 돌을 움직일 힘이 없었습니다.

그래서 솔로몬은 에피파파스라는 이름의 귀신에게 영향력
을 행사합니다. 그 귀신은 "돌 밑으로 들어가서 돌을 들어올려
돌을 들고 계단을 올라가서 성전 입구의 가장 높은 곳(ἄκρα)에
끼워 넣었습니다."[23:3][46] 이를 보고 솔로몬은 시편 118:22을 읊으
며 기뻐합니다.[23:4]

이 이야기에서 묘사되는 장면, 특히 "꼭대기"(πτερύγιον), "가장 높은 곳"(ἄκρα), 그리고 돌을 '들어올리다'라는 동사의 사용으로 보아, 케팔레 고니아스는 키스톤,^{keystone} 곧 아치형 건축에서 핵심이 되는 이맛돌을 가리키는 것으로 해석하는 것이 타당합니다.[47] 그러니까 케팔레 고니아스에서 고니아스는 아치형 건축물의 휘어진 각 지점, 곧 아치의 곡선을 이루는 각도들을 뜻하고, 케팔레는 그중에 구조적 중심이 되는 부분, 곧 아치의 정점에 위치하여 전체 구조의 무게를 분산시키고 균형을 유지하는 중추적인 돌을 뜻하는 것으로 보입니다.

건물 하단 모서리에 놓여
벽체를 잇는 모퉁잇돌

아치형 건축에서 가장 높은 곳에
놓여 구조 전체의 무게를
분산시키는 이맛돌

버려짐의 역설과 부활의 신학

반전과 하나님에 의한 신원^{vindication}이라는 모티프가 이 이야기의 중심이라는 점은 우리의 해석을 더욱 강력하게 지지해 줍니다. 이렇게 읽으면 본문에서 어떤 의미를 찾을 수 있을까요? 반듯하지 않아 건축자들이 '버린' 부적합한 돌이, 역설적이게도 그 불규칙한 모양 덕분에 아치의 키스톤(이맛돌)으로 사용된다는 의미입니다. 키스톤은 그 이름 그대로 아치형 건축에서 무게의 분산과 균형을 유지하는 구조적으로 가장 핵심적인 돌입니다. 그것이 없으면 아치 전체가 붕괴됩니다. 따라서 키스톤은 단순히 장식적이거나 부차적인 요소가 아니라, 건축물의 존립 자체를 가능하게 하는 절대적 요소입니다. 또한 이맛돌로 '올려진' 돌이라는 이미지는 예수의 부활과 고양을 암시한다고 볼 수 있습니다. 예수께서 십자가에서 죽임당했으나 부활을 통해 가장 높은 자리로 올려지셨다는 신학적 상징이 이 돌의 위치 변화에 투영되어 있는 것입니다.[48]

사람들의 잣대로 무용하게 여겨져서, 어떤 사업이나 기획에 적절하지 않다고 판단되어서, 이득이 되지 않아 보여서 버림받고 거절당하는 경험을 한 이들이 많을 것입니다. 하지만 하나님은 인간의 판단과 다른 판단을 하십니다. 인간의 가치 평가 체계는 외형적 유용성과 즉각적 효율성에 기초하지만, 하나님의 평가는 더 깊은 구원사적 목적과 종말론적 완성을 지향합니다. 우리는 하루에도 몇 번씩 '효능감' 또는 '자존감'이 흔들거리곤 합니다. 그럴 때 흔들리지 않는 가치 판단의 중심인 하나님을 생각하십시오. 하나님이 우리를 받아들이셨습니다. 우리가 "가치 있다"고 선언하셨습니다. 돈, 권력, 외모, 가문, 인종 등으로 사람을 판단하는 잣대가 너무 자명하고 강력해 보이지만, 하나님은 그런 것들을 보시지 않습니다. 이 반전의 신학은 성서 전체를 관통하는 핵심 주제입니다. 구약의 언약 신학에서 신약의 그리스도론에 이르기까지, 하나님은 세상이 무가치하다고 여기는 것을 택하여 그분의 구원 역사를 이루십니다.

헬라어의
시간

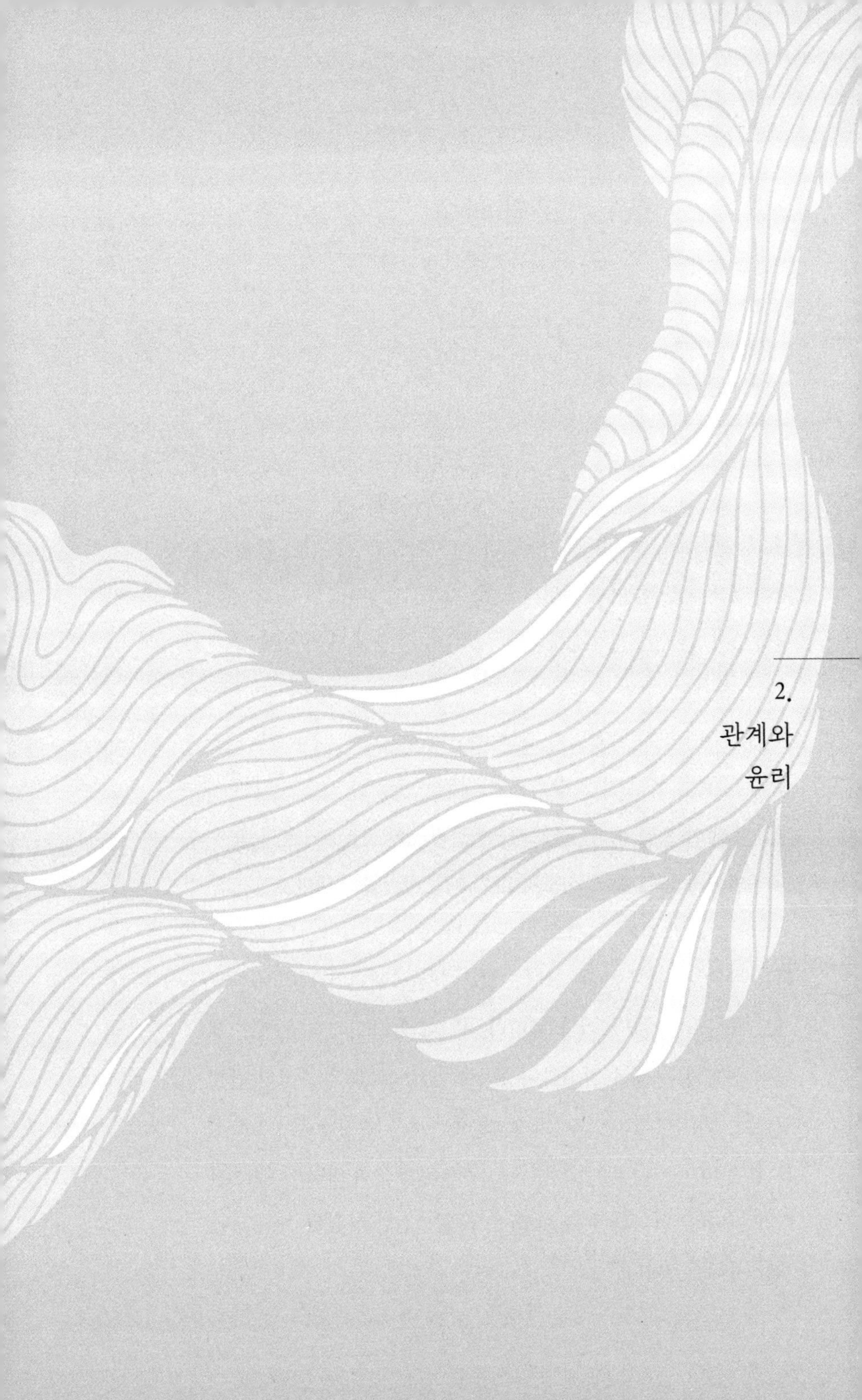

2.
관계와
윤리

우정 φιλία

목숨을 걸고 진실을 말하다

고대 세계의 우정: 덕과 책임의 공유

신약성서 안에는 생각보다 많은 우정의 장면이 담겨 있습니다. 그럼에도 대다수의 그리스도인들은 성서에서 우정이라는 주제를 거의 떠올리지 못합니다. 교회에서 우정보다는 사랑, 가족, 순종 같은 주제가 더 자주 강조되기 때문이기도 하고, 고대인이 이해한 우정이 오늘 우리가 말하는 우정과 상당히 달라, 성서 속 우정의 언어가 눈에 잘 들어오지 않기 때문이기도 합니다.

오늘날 우정은 대체로 마음이 잘 맞고 속이야기를 편하게 나눌 수 있는 관계를 뜻합니다. SNS에서는 취미나 관심사만 같아도 '친구'라고 부르기도 합니다. 즉 현대 사회에서 우정은 개인적 선호와 정서적 친밀감이 중심에 있는 비교적 사적인 관계입니다. 하지만 고대 그리스-로마 세계에서 우정(φιλία, 필리아)은 훨씬 더 무거운 말이었습니다. 우정은 단순히 마음이 맞는 사이가 아니라, 이성과 덕을 함께 추구하는 선한 사람들 사이의 관계를 가리켰습니다.

아리스토텔레스는 『니코마코스 윤리학』 8-9권 전체를 우정에 할애할 정도로, 우정을 인간 행복(현대어로는 '웰빙'이 더 적절한 단어입니다)의 필수 조건으로 보았습니다. 그에게 행복은 단순히 무언가를 "갖고 있는 상태"가 아니라 "덕에 따르는 영혼의 활동"이었고, 우정은 이 활동을 함께 나누는 관계였습니다.『니코마코스 윤리학』 1.6.1098a16-20; 9.9.1169b28-30[1] 아테네 민주정 안에서 좋은 친구가 된다는 것은 곧 좋은 시민이 되는 것과 비슷한 의미였습니다. 우정은 개인에게 위로를 주는 데 그치지 않고 도시 전체를 위한 공적 책임을 포함했고, 때로는 친구와 조국을 위해 목숨을 바치는 것까지도 포함했습니다.[2]

그렇다면 고대인은 진짜 친구와 가짜 친구를 어떻게 구분했을까요? 조금 단순화해서 말하면, 그들은 두 가지 결정적인 기준을 제시했습니다. 하나는 '친구를 위해 죽을 수 있는가'이고, 다른 하나는 '상대방에게 솔직한 발언($\pi\alpha\rho\rho\eta\sigma\acute{\iota}\alpha$, 파레시아)을 할 수 있는가'였습니다.

아리스토텔레스는 "덕 있는 사람(탁월한 인격을 지닌 사람 혹은 실천적 지혜를 갖춘 사람을 말합니다)은 친구와 조국의 이익을 위해 필요하다면 목숨까지 내놓는다"고 말했고,『니코마코스 윤리학』 9.8.9[3] 심지어 쾌락주의자로 알려진 에피쿠로스조차 "현명한 사람은 때로 친구를 위해 죽는다"고 말했습니다.[4] 플라톤의 『향연』에는 "오직 사랑하는 자만이 타인을 위해 죽기를 원한다"는 말이 나오며, 죽음을 통한 우정의 증명이 고귀한 도덕적 이상으로 제시됩니다.[5] 이런 이상은 철학자들의 글에만 머물지 않고, 헬레니즘 시대 대중 소설에도 깊이 스며들었습니다. 헬레니즘 시대의 인기 소설 『칼리로에*Callirhoe*』에서 폴리카르모스는 친구 카이레

아스를 위해 모든 것을 희생하는 인물로 그려집니다. 그는 친구를 위해 부모에게 거짓말을 하고, 노예로 팔려 가는 수모를 겪으며, 십자가 처형의 위험까지 감당합니다.[6] 그러나 이런 생각은 '이론'에서는 자주 등장하지만 실제 현실에서는 보기 어려운 이상이었습니다.[7]

진짜 친구를 판별하는 두 번째 기준은 '솔직한 발언'을 할 수 있는지 여부입니다. '솔직한 발언'이라는 개념은 매우 중요해서 파레시아(παρρησία)라는 단어가 따로 있었고 자주 사용되었습니다. 우정은 듣기 좋은 말만 해주는 것이 아니라, 때로는 상대가 듣기 힘들어하더라도 진실을 말해 주는 관계입니다.

플루타르코스는 『아첨꾼과 친구를 구별하는 법』이라는 글에서 친구는 의사처럼 항상 조언하지만 아첨꾼은 감정을 부추겨 상대를 망가뜨린다고 말합니다. 그에 따르면 솔직한 발언은 "특히 우정의 언어이며, 그것이 없다는 것은 비우호적이고 천박한 것"입니다.[8] 키케로도 우정의 초석을 불변성, 신의, 진실함으로 보았습니다. 진정한 친구는 비위를 맞추기보다는 진실을 말하고 위험을 감수하고서라도 친구를 돕지만, 아첨꾼은 악덕에 동조함으로써 우정의 토대인 영혼의 일치와 성품의 불변성을 무너뜨립니다.『우정론』 17.61-65, 24.89-26.100[9]

십자가와 파레시아: 고대 이상의 성육신

이 두 기준(친구를 위한 죽음과 솔직한 발언)을 염두에 두고 요한복음 15장을 보면, 예수의 말씀이 당대의 우정 관념 안에서 이해될 수 있는 동시에 무척 새로운 내용을 담고 있음을 알게 됩니다.요

15:13-14

사람이 친구를 위하여 자기 목숨을 버리면 이보다 더 큰
사랑이 없나니 너희는 내가 명하는 대로 행하면 곧 나의
친구라.

요한복음 15:13은 겉보기에는 당시 널리 알려진 도덕적 격언과 비슷합니다. 이미 보았듯이 친구를 위해 죽을 준비가 되어 있다는 모티프는 고대에 널리 퍼져 있었습니다. 결정적인 차이는, 예수께서 이 격언을 말씀으로만 하지 않고 "실제로 성취"하셨다는 점에 있습니다.[10] '친구를 위한 죽음'은 말로는 자주 등장하지만 실제로는 거의 일어나지 않는 이상이었습니다. 그러나 예수께서는 이 격언을 자신의 삶과 십자가 죽음 속에서 구체적으로 실현하셨지요. 요한복음 15:13의 말씀은 추상적인 격언이 아니라, 예수의 삶과 죽음을 통해 눈앞에 실현된 약속이자 선물입니다.[11] 그분은 자신의 목숨을 내어 주셨기 때문만 아니라, 평생 동안 진실을 숨기지 않고 담대하게 말씀하셨기 때문에 진정한 친구입니다. 그분은 목숨까지 내어놓을 각오가 있었기 때문에 끝까지 두려움 없이 말하고 행동하실 수 있었습니다. 결국, 요한복음에 따르면 우정은 예수 안에서 성육신한 하나님의 사랑의 방식입니다.[12]

여기서 또 하나의 중요한 차이가 있습니다. 앞서 언급한 『칼리로에』에서처럼 고대 우정의 이상이 친구와 운명을 나누는 것이었다면, 요한복음의 예수는 친구가 험한 운명을 피할 수 있도록 그 운명을 홀로 짊어지십니다. 요한복음 18장에서 예수께서 체포당하실 때 "이 사람들은 가게 하라"[요 18:8]고 하신 말씀은, 그분의 죽음이 제자들을 위한 대신 죽음임을 잘 보여줍니다.

파레시아, 곧 솔직한 발언에서도 예수께서는 고대 우정의 이상을 완벽히 성취하십니다. 이 파레시아라는 단어는 요한복음에만 아홉 번 등장합니다. 요 7:4, 13, 26; 10:24; 11:14, 54; 16:25, 29; 18:20 그만큼 말하기와 솔직함은 요한복음에서 중요하게 다루어집니다.[13] 요한복음 11:14에서 그분은 나사로의 죽음을 제자들에게 "아예 터놓고"(παρρησία) 말씀하십니다. 헬레니즘 시대의 우정관에서 친구에게 솔직하게 말하는 것은 상대를 동등한 인격체로 대우하는 행위였습니다. 그분은 고통스러운 진실을 숨기지 않고 공유하심으로써, 제자들을 보호 대상인 어린아이에서 진실을 마주할 수 있는 친구로 격상시키셨습니다.[14]

잘 알다시피 요한복음에는 사랑이라는 단어가 많이 나오지요. 요한복음에서 이 사랑은 우정과 아주 긴밀한 관계에 있는 것으로 표현됩니다. 이런 점을 잘 포착한 어느 학자의 글을 인용하겠습니다.

> 요한은 예수와의 관계의 강도를 표현하기 위해
> 아가판(ἀγαπᾶν, 사랑하다)과 필레인(φιλεῖν, 친구로서
> 사랑하다)을 자주 동의어처럼 사용한다. 요한복음 15:13에서
> '더 큰 사랑'(μείζονα ἀγάπην, 메이조나 아가펜)은 역설적으로
> '친구'(φίλον, 필론)를 위한 헌신으로 정의된다.
> 이를 통해 고대의 필리아 전통은 그리스도교적 아가페
> 개념으로 통합되는 동시에 그것을 능가하게 된다.
> 친구란 사랑받는 자이자, 죽기까지 사랑하는 자이다.[15]

먼저 다가온 우정과 평등의 공동체

그런데 요한복음의 '우정 신학'에서 가장 놀라운 점은 따로 있습니다. 바로 우정의 순서가 뒤집힌다는 것입니다. 보통 우정은 "오랜 시간 속에서 검증된 신뢰"를 전제로 합니다. 신뢰가 쌓인 뒤에야 깊은 이야기나 비밀을 나눕니다. 키케로, 『우정론』 22; 『최고선악론』 2.85; 세네카, 『루킬리우스에게 보내는 도덕 편지』 3.2-3[16] 그런데 제자들이 예수를 버리고 도망치고, 요 16:32 베드로가 예수를 세 번 부인하기 전에 요 18:15-18, 25-27 그분은 이렇게 말씀하십니다. "이제부터는 너희를 종이라 하지 아니하리니……너희를 친구라 하였노니 내가 내 아버지께 들은 것을 다 너희에게 알게 하였음이라."요 15:15[17] 신학적으로 말하면, 예수와 제자들 사이의 우정을 만들어 내는 것은 제자들의 공로나 신실함이 아니라 은혜입니다. 요 1:17[18] 랍비의 제자들이나 철학 학교에서 관례였던 것처럼 제자들이 스승을 찾은 것이 아니라, 예수께서 먼저 나서서 제자들을 선택하셨습니다. 요 6:70; 13:18 참고 이 선택이야말로 제자들이 '친구'라는 새로운 지위를 갖게 된 근거입니다.[19]

고대에는 "친구들이 모든 것을 공동으로 소유한다"는 유명한 우정 격언이 있었고, 누가복음과 사도행전의 저자는 예루살렘 초대 교회를 이 격언을 실제로 살아 낸 공동체로 묘사합니다. 행 2:44-47; 4:32 부유한 자들이 가난한 자들과 '친구'가 되어 그들의 필요를 실제로 채워 주는 모습은 기존 사회 질서를 뒤흔드는 급진적 실천입니다.[20] 사도행전에 등장하는 바나바는 이 점을 구체적으로 보여줍니다. 바나바는 땅을 소유한 지주였으니, 당시 사회 기준으로 상당한 재력과 지위를 가진 인물이었을 것입니다. 그런 그가 밭을 팔아 그 값을 사도들의 발 앞에 두었을 때,

행 4:37 이는 통상적인 사회 질서에 부합하는 행동이 아니었습니다. 일반적인 후원 관계라면 바나바가 우월한 위치에 서야 마땅했습니다. 게다가 재산이 없는 이들에게서 어떤 보답도 기대할 수 없었으니, 상류층 후원자가 누리던 '공적 명예'라는 사회적 보상마저 포기하는 것을 뜻했습니다.[21]

초대 교회는 단순한 종교 모임이 아니라, 예수 그리스도의 피로 맺어진 새로운 우정의 공동체였습니다. 요한복음에서 구원은 예수의 '선제적인' 우정, 곧 숨김없는 계시와 친구를 위한 대신 죽음으로 이미 성취된 현실로 제시됩니다. 또한 누가에게 우정은 주고받음의 규칙을 깨뜨리고, 갚을 능력이 없는 자를 친구로 대하는 새로운 평등의 관계입니다.

오늘날 교회는 '마음이 잘 맞는 사람끼리의 사적 친밀감'을 지양하고, 고대인이 이상적으로 생각했고 예수께서 온전히 성취하신 진정한 '우정'을 지향해야 합니다. 그것은 아리스토텔레스가 말한 것처럼 "함께하는 활동"으로, 서로에 대한 책임을 진지하게 의식하고, 필요하다면 자기희생까지도 기꺼이 감수하며, 의식적으로 윤리적 행동을 택하는 공적 관계입니다. 교회의 우정은 헬레니즘 세계의 '주고받음' 원칙을 깨뜨려야 합니다. 사도행전에서 볼 수 있듯이, 갚을 능력이 없는 자를 친구로 대접하는 것이 그리스도인의 우정입니다. 무엇보다 이 우정의 기초는 자격 없는 우리를 먼저 친구라 불러 주신 예수의 급진적인 은혜입니다. 교회는 바로 이 거룩한 우정을 세상 속에서 다시 살아 내도록 부름받은 친구들의 공동체입니다.

용서 ἀφίημι, ἄφεσις

감정이 아닌 법적 탕감

죄를 용서받는 것은 그리스도교의 핵심 교리 중 하나입니다. 사람과 하나님의 관계에서 죄가 가장 큰 문제이며, 이 문제를 해결하기 위해 예수가 보내심을 받았다고 그리스도교는 가르칩니다. 실제로 구약과 신약 성서에는 하나님과 사람 사이, 사람과 사람 사이의 용서에 대한 내용이 풍부하게 담겨 있습니다. 교회 안에서 교리를 익힌 우리는 하나님이 죄를 용서해 주시는 이유와 그 '메커니즘'에 대해 기본적인 지식을 가지고 있습니다.

현대인이 보편적으로 받아들이는 '진정한' 용서의 개념은 다음과 같습니다(우리가 누군가를 "용서했다"고 말할 때 암묵적으로 전제하는 것들이기도 합니다).[22] 첫째, 용서하는 사람은 가해자의 의도적 행위로 인한 피해 당사자여야 합니다. 둘째, 가해자는 자신의 행위에 대해 완전한 책임을 인정해야 합니다. 셋째, 가해자는 단순한 후회가 아닌 진정한 뉘우침을 보여야 합니다. 넷째, 이를 통해 가해자에게도 도덕적 변화가 일어나야 합니다. 마지막으로, 용서는 가해자와 피해자 모두의 내적 변화를 수반하는 쌍방향 과정이어야 합니다. 친구에게 상처를 주고 진심으로 사과한 뒤 관계가 회복된 경험을 떠올려 보십시오. 그때 우리는 이 다섯 가지를 어렴풋이나마 기대하고 있었을 것입니다.

그러면 신약성서에서 말하는 용서란 무엇일까요? 일반적으로 신약성서에서 각각 '용서하다', '용서'로 번역된 헬라어 단어는 아피에미(ἀφίημι)와 아페시스(ἄφεσις)입니다. 하지만 놀랍게도 고대 그리스-로마 문화에는 현대인이 생각하는 '도덕적·감정적 용서'라는 개념 자체가 존재하지 않았다는 강력한 증거들이 있습니다. 고대 용서 개념 연구의 권위자에 따르면 "현대적 의미의 대인 간 용서interpersonal forgiveness는 고대 그리스-로마에 존재하지 않았습니다." 우리가 아는 용서는 18-19세기에 이르러서야 형성된 개념이라는 것입니다.[23] 학계에서 널리 받아들여진 이 주장이 옳다면, 우리는 용서 관련 성서 구절을 읽을 때 현대적 관념을 무의식적으로 투영하고 있는 셈일 것입니다. 가령 "일흔 번씩 일곱 번이라도 용서하라"마 18:22는 말씀을 들을 때 우리에게 떠오르는 생각과 달리, 고대인은 이를 다른 방식으로 받아들였을 것입니다.

사실 고대 그리스-로마 문헌 전체를 통틀어 보아도, 오늘날 말하는 '진정한 용서'의 조건들을 충족하는 단어나 개념은 발견되지 않습니다.[24] 물론 호메로스의 『일리아스』에서 아킬레우스가 프리아모스를 맞이하는 장면이나 창세기의 요셉 서사에서 현대적 용서의 원형을 찾으려는 시도가 있지만, 이러한 텍스트조차 위의 조건들을 온전히 충족하지 못한다고 말해도 과언은 아닙니다. 현대적 용서 개념이 감정과 관계의 복합체라고 한다면, 고대의 개념은 상대방에 대한 비난과 화해를 중심으로 정서적 해소보다는 사회적 관계의 복구에 초점이 맞춰져 있었습니다.[25] 라틴어 파이니텐티아(*paenitentia*, 불만족/후회)는 원래 '내가 왜 그랬을까' 하는 자신의 결함에 대한 불쾌감일뿐 타인을 향해 느끼는 이타적 죄책감이 아니었으며,[26] 그리스 철학도 개인이 삶의 경로를 근본적으로 재평가하게 만드는 참회의 감정에 거의 관심이 없었습니다.

쉥그노메: 자비가 아닌 인지적 면책

그렇다면 고대 헬라어 문헌에서 용서와 그나마 가장 유사하게 쓰인 단어는 무엇일까요? 가장 빈번하게 등장하는 단어는 쉥그노메(συγγνώμη)입니다. 하지만 이 단어를 단순히 '용서'로 번역하는 것은 오해를 불러일으킬 수 있습니다. 헬라어 텍스트들을 면밀히 분석해 보면, 쉥그노메는 죄지은 사람을 인격적으로 품어주는 것이 아니라 그 행위가 비자발적이거나 무지에서 비롯되었음을 인정하여 '책임을 묻지 않는' 인지적 판단에 더 가까웠습니다. 우리가 무죄인 사람을 용서한다고 말하지 않듯이, 고대인에게 비자발적으로 일어난 행위는 용서의 대상이 아니라 면책의 대상이었습니다.[27]

아리스토텔레스는 『니코마코스 윤리학』에서 이 개념을 명확히 정의합니다. 그는 행위의 원인이 행위자 내부(자발적)에 있는지, 아니면 외부 혹은 무지(비자발적)에 있는지를 기준으로 무지와 고의를 엄격히 구분했습니다. 이러한 구분은 실제 고대의 법정에서도 그대로 적용되었습니다.[28] 예를 들어 데모스테네스 Demosthenes라는 불멸의 연설가는 법정 연설에서 피고를 변호하며, "누군가 본의 아니게(ἄκων) 잘못을 범했다면, 그에게는 처벌 대신 용서(συγγνώμη)가 [마땅합니다]"라고 호소합니다.[29] 반대로 투키디데스는 『펠로폰네소스 전쟁사』에서 클레온의 연설을 통해 뮈틸레네인들의 반역이 "비자발적인 것이 아니라 계획적 음모였으므로 용서(ξυγγνώμη)의 대상이 될 수 없다"고 논증합니다.[30]

이 모든 일차 자료가 보여주는 결론은 하나입니다. 쉉그노메는 "무엇이 공정한지에 대한 인지적 판단"입니다.[31] 언제나 "무지, 강제, 실수"에 의한 행동이라는 전제 아래 이뤄지는 "책임 면제"일 뿐, 의도적 잘못을 저지른 뒤에도 품어 주는 자비의 행위가 아니었다는 말이지요.

아페시스: 죄의 짐을 벗겨 내는 사면

그러면 고의로 죄지은 사람은 어떻게 용서받을 수 있었을까요? 이미 말했듯이, 고대 헬라어와 라틴어에는 현대 영어 forgive나 우리말 '용서'에 정확히 대응하는 단어 자체가 존재하지 않았습니다. 아마도 신약성서가 아페시스(ἄφεσις)와 동사 아피에미(ἀφίημι)를 선택한 것은 바로 이런 어휘적 공백 때문이었을 수도 있습니다. 고대 헬라어 문화권에서 아피에미는 본래 감정적 용서가 아니라 철저히 법적·경제적·물리적 방면이나 면책, 탕감을 의미했습니다. 플라톤은 『법률』에서 살인 사건의 용서/사면(ἄφεσις)을 논할 때 이 어휘군을 사용합니다. 구체적으로, 피살자가 죽기 전에 가해자를 자발적으로 사면하면(ἀφιῇ ἑκών), 법적 처리가 비의도적 살인과 동등하게 취급됩니다.『법률』 869d-e

고대 파피루스 문서를 살펴보면 이 점이 더욱 명확해집니다. 대표적인 예로 기원전 118년 4월, 프톨레마이오스 8세와 클레오파트라 자매가 공동으로 선포한 대사면령^{Amnesty Decree}을 들 수 있습니다. 이 칙령에서 왕실은 백성의 "실수와 범죄, 고발 및 유죄 판결, 그리고 모든 혐의를 면제한다(ἀφιᾶσι, 아피아시)"고 선언합니다.[32]

노예를 법적으로 해방시키는 과정을, 신에게 노예를 매매하는
형식을 빌려 기록한 비문(기원전 2세기, 그리스 델포이 유적)
Joyofmuseums, Wikimedia Commons

신약성서가 이 건조한 법률 용어를 채택한 이유는 십중팔구 칠십인역의 영향이었을 것입니다. 칠십인역 레위기 16:26은 아사셀 염소를 광야로 내보내는 장면을 묘사하면서 바로 이 단어 아페시스를 사용합니다. 여기서 중요한 점은, 아페시스가 아사셀 염소의 이름이 아니라 그 염소를 내보내는 목적 및 기능(곧 면제를 위해)을 설명하는 말이라는 사실입니다. 이로써 아페시스는 단순히 죄를 장부에서 지우는 것이 아니라, 아사셀 염소에게 죄의 짐을 지워 광야 끝으로 '멀리 치워 버리는' 제의적 의미를 얻게 된 것으로 보입니다. 다시 말해, 칠십인역의 번역어 선택은 죄를 '물리적으로 풀어서 멀리 보내다'라는 강력한 은유를 낳고, 신약성서는 죄의 짐을 벗겨 멀리 보내는 하나님의 사면赦免을 표

현하고자 이 은유를 그대로 계승했다고 말할 수 있습니다. [33]

십자가 위의 기도와 은혜로 다시 정의된 용서

이런 언어적 배경에서 신약성서의 대표적인 구절들을 다시 읽어 보면, 텍스트의 의미가 입체적으로 다가옵니다. 마태복음 6:12의 주기도문을 살펴보겠습니다. "우리가 진 빚을 우리에게서 없애 주십시오, 우리도 역시 우리에게 빚진 사람들의 빚을 없애 준 것처럼요(ἀφήκαμεν)."[새한글성경] 이 구절의 용서는 도덕적 용서라기보다는 부채의 탕감에 가깝습니다. "하나님은 우리의 빚(debts)을 탕감해 주는 의미로 용서해 달라는 요청을 받으십니다."[34]

고대 용서 개념의 독특함을 보여주는 또 하나의 텍스트는 누가복음 23:34에 나오는 십자가 위 예수의 기도입니다. [35] 예수는 "아버지, 저들을 사하여 주옵소서. 자기들이 하는 것을 알지 못함이니이다"라고 기도합니다. 예수는 왜 하필 "저들이 알지 못한다"는 이유를 들어 용서를 구했을까요? 여기서 예수는 자신을 십자가에 못 박는 이들의 행위를 '무지에서 비롯된 죄'로 간주하여 하나님께 용서를 구합니다. [36] 이는 고대 그리스 법정의 변론 전략과 정확히 일치합니다. 앞서 살펴본 대로 데모스테네스가 "누군가 본의 아니게(ἄκων) 잘못을 범했다면", 그에게는 처벌 대신 쉉그노메가 마땅하다고 주장했던 것처럼, "저들이 알지 못한다"는 예수의 말씀은 고대 법정에서 가장 흔한 변호 방식이었습니다. 십자가 위에서 예수는 가해자의 회개를 전제로 한 용서가 아니라, 가해자의 '인지적 결함'을 근거로 하나님께 책임을 묻지 말아 달라고 요청하신 것입니다. [37] 이 예수의 기도는 가해자의 도덕적 변화를 기다리는 현대적 용서가 아니라, "저들이 모르고 한 일이니 죄를 묻지 말아 달라"는 법적 탄원에 가까웠습니다.

바울 서신을 살펴보면 이런 경향은 더욱 두드러집니다. 흥미롭게도 바울의 친필 서신 일곱 편에는 아페시스라는 명사가 단 한 번도 등장하지 않습니다. 그렇다고 바울에게 사람들 사이의 용서 개념이 전혀 없었던 것은 아닙니다. 바울은 법적 용어인 아페시스 대신 카리즈오마이(χαρίζομαι, 은혜/선물/호의를 베풀다)라는 동사를 선호했습니다.^{고후 2:7, 10} 이 어휘 선택은 의미심장합니다. 카리즈오마이는 카리스(χάρις, 은혜)에서 파생된 단어로, 용서를 빚의 법적 탕감이 아닌 은혜로운 선물의 증여로 재구성합니다.

고대 유대교와 랍비 문헌의 용서 개념을 다룬 소논문을 읽던 중 저는 다음과 같은 대목을 보았습니다. "누군가를 용서한다는 것은, 그의 한 가지 (잘못된) 행동이 드러내는 모습보다 그를 전체적으로 더 나은 사람으로 여겨 주는 것이다." 용서란 그 사람이 진심으로 회개했을 때 "이 사람은 과거의 사람이 아니다"라고 인정해 주는 일, 곧 그 사람을 '새롭게 된 사람'으로 다시 받아들이는 행위라는 말이지요.[38] 이것이 랍비들의 용서 이해입니다. 이미 초기 그리스도교를 거쳐 랍비 유대교가 대두될 때 현대적 의미의 용서 개념이 싹트고 있었던 것 같습니다. 두고두고 되새길 만한 용서의 정의입니다.

피스티스 πίστις

충성과 신뢰

그리스도교는 처음 접하는 이들에게 무엇보다 '믿음의 종교'로 보입니다. 강단에서 설교자는 "믿습니까"라는 질문을 반복하고, 거리의 전도자는 "예수 믿으세요"라고 외칩니다. 신자 곧 '믿는 사람'은 '그리스도인'과 동의어처럼 쓰입니다. 반대로 비그리스도인은 교회의 교리나 주장을 두고 "도저히 믿기 어렵다"고 말하곤 하지요. 개신교 신학의 심장부에 놓인 교리인 '이신칭의'(믿음으로 의롭다 함을 받는다는 가르침) 역시 믿음을 중심축으로 삼습니다. 그래서 '하나님이 한 분이심을 믿는가', '예수가 하나님이심을 믿는가', '예수가 육체로 부활하셨음을 믿는가' 같은 질문은 신앙의 경계를 가르는 기준이 되어 왔습니다. 오늘날 교회 안에서 믿음이라 하면, 대개 교리를 과도하게 압축한 공식(이를테면 사영리)에 담긴 몇 가지 명제를 지적으로 받아들이고 마음속에서 결단하는 일을 뜻합니다.

피스티스: 관계 안에서의 신뢰

우리말 성서에서 '믿음'으로 옮긴 헬라어 단어는 피스티스(πίστις)입니다. 명사 피스티스는 동사 피스튜오(πιστεύω), 곧 '신뢰하다'에서 파생되었습니다. 고대 그리스-로마 세계에서 이 단어는 단순히 '믿는다'는 심리 상태만을 뜻하지 않으며,[39] 언제나 관계 안에서의 신뢰를 전제했습니다.[40]

고대 사회에서 인간관계의 핵심은 서로 신뢰하기와 신뢰받기였습니다. 피스티스는 이 두 방향 모두를 품는 단어여서 '신실, 충직, 보증, 맹세, 신뢰, 충성, 의지할 만함'까지 뜻할 정도로 폭넓게 사용되었습니다.[41] 인간관계의 핵심을 표현하는 이 개념은 당연히 사회를 형성하고 유지하는 근간이 되었지요. 이처럼 관계성을 가리키던 피스티스를 신약성서에서 '교리에 대한 정신적·심리적 동의'로만 번역하면, 본문이 쓰인 사회 속에서 통용되던 사회적 맥락은 사라집니다. 이 점을 좀 더 알아보겠습니다.

고대 그리스-로마 세계에서 정치, 경제, 법, 가정 등 모든 질서는 피스티스 위에 세워졌다고 해도 과언이 아닙니다. 제국과 속주의 관계, 후견인과 피후견인의 관계, 주인과 노예, 부부와 친족 사이도 모두 마찬가지였습니다.[42] 제국은 자신이 '믿을 만한' 통치자임을 선전했고, 속주는 충성과 감사의 행위로 응답했습니다. 신 역시 신뢰할 만한 존재로 여겨졌고, 인간은 신에게 피스티스(신뢰와 충성과 복종)를 드림으로써 관계를 유지했습니다.[43]

제2성전기 유대 문헌에도 이러한 상호 신뢰의 구조가 보입니다.[44] 칠십인역에 수록된 집회서 22:23은 이렇게 말합니다.

이웃이 가난할 때 그의 신임(피스티스)을 얻으라. 그러면 그가 잘살게 되었을 때 그대도 채움을 얻게 될 것이다(πίστιν κτῆσαι ἐν πτωχείᾳ μετὰ τοῦ πλησίον, ἵνα ἐν τοῖς ἀγαθοῖς αὐτοῦ ὁμοῦ πλησθῇς).

마카베오 1서 10:25-27도 피스티스의 관계 형성적 의미, 그리고 쌍방향적 신뢰와 호의라는 의미를 잘 보여줍니다.

그러고는 이러한 말을 써서 보냈다. "데메트리오스 임금이 유다 민족에게 인사합니다. 여러분이 우리와 맺은 계약을 지키고 우호 관계를 유지하여, 우리의 원수들 편에 가담하지 않았다는 소식을 듣고 우리는 기뻐했습니다. 앞으로도 계속 우리를 향한 신의(피스티스)를 지켜 주십시오. 여러분이 우리에게 보여준 호의에 꼭 보답하겠습니다. 우리는 여러분에게 많은 세금을 면제해 주고 선물도 보내겠습니다.

이처럼 사회적 신뢰와 충성, 순종까지 모두 피스티스라는 단어가 포괄하는 영역입니다. 이런 배경 지식을 가지고 신약성서를 보겠습니다. 마가복음 11:27-33입니다.

그들이 다시 예루살렘에 들어가니라. 예수께서 성전에서 거니실 때에 대제사장들과 서기관들과 장로들이 나아와 이르되 무슨 권위로 이런 일을 하느냐. 누가 이런 일 할 권위를 주었느냐. 예수께서 이르시되 나도 한 말을 너희에게 물으리니 대답하라. 그리하면 나도 무슨 권위로 이런 일을 하는지 이르리라. 요한의 세례가 하늘로부터냐 사람으로부터냐. 내게 대답하라. 그들이

서로 의논하여 이르되 만일 하늘로부터라 하면 어찌하여
그를 믿지 아니하였느냐(οὐκ ἐπιστεύσατε) 할 것이니 그러면
사람으로부터라 할까 하였으나 모든 사람이 요한을 참
선지자로 여기므로 그들이 백성을 두려워하는지라.

예수는 세례 요한의 권위를 묻는 대제사장들에게 이렇게
되묻습니다. "요한의 세례가 하늘로부터냐 사람으로부터냐." 그
들이 "어찌하여 그를 믿지 아니하였느냐"(οὐκ ἐπιστεύσατε αὐτῷ)
라는 예수의 반문을 두려워한 것은, 그들이 요한의 '교리'를 부
정했기 때문이 아닙니다. 상식적으로든 문맥상으로든 세례 요
한이 (그리스도교적 의미에서) '믿음'의 대상이 아닌 것도 분명하지
요. 31절은 "왜 세례 요한의 권위를 신뢰하지 않았는가"라고 번
역하는 것이 더 자연스럽습니다.[45]

현재 진행형으로서 피스티스

바울의 가장 초기 문서인 데살로니가전서에서도 피스티스는 교
리적 확신이 아니라 신뢰의 지속을 가리킵니다. ^{살전 3:7-8}

형제들이여! 그렇기 때문에 우리는 우리의 모든 곤경과
환난 가운데서도 여러분을 보고, 여러분의 피스티스를 통해
위로를 받았습니다. 여러분이 주님 안에 굳게 서 있으면,
이제 우리가 살아 있는 셈이기 때문입니다. ^{저자 사역}

본문에서 명확히 볼 수 있듯이, "여러분의 피스티스(πίστις)
를 통해 위로를 받았습니다"라고 말할 때 바울이 염두에 둔 것

은 '주님 안에 굳게 서 있는 한결같은 신뢰'입니다.[46] 데살로니가
전서 3:2, 3도 이와 같은 해석을 지지해 줍니다. 여기서 피스티
스는 환난 속에서도 흔들리지 않는 충성을 뜻합니다.

> 우리의 형제요, 그리스도의 복음을 전하는
> 하나님의 일꾼인 디모데를 여러분에게로 보냈습니다.
> 그것은, 그가 여러분을 굳건하게 하고, 여러분의
> 믿음(피스티스)을 격려하여, 아무도 이러한 온갖 환난
> 가운데서 흔들리지 않게 하려는 것입니다.
> 여러분도 아는 대로, 우리는 이런 환난을
> 당하게 되어 있습니다. _{새번역}

바울이 데살로니가 교인들에게 "여러분의 피스티스에서 부
족한 부분을 제대로 보충해 주고 싶습니다"^{살전 3:10} 라고 말하는
것을 보아도, 피스티스가 한 번에 얻고 변하지 않는 정적인 확신
이 아니라 '점진적인 과정'임을 알 수 있습니다.[47]

바울은 예수를 따르는 이들을, 동사 피스튜오(πιστεύω)의
분사형을 써서 "그 신뢰하고 있는/순종하고 있는 사람들"(οἱ
πιστεύοντες)이라 부릅니다. 헬라어 현재 분사는 진행되는 상황
을 표현합니다. 즉 피스티스는 과거의 결단이나 단회적 사건이
아니라 지속적인 관계 내에서의 실천을 뜻하는 것이지요. 단순
히 '하나님과의 바른 관계'에 있는 것을 넘어, 그 '관계 안에서 지
속적으로 행해지는 신뢰와 충성'을 말합니다. 믿음은 삶의 방식
입니다. 타인이 관찰하고 볼 수 있는 것입니다![48]

어둠 속의 신뢰

하나님을 신뢰한다는 것은 쉬운 일이 아닙니다. 시편 88편은 그 어려움을 가장 극적으로 보여줍니다.

> 주님, 나를 구원하신 하나님, 낮이나 밤이나, 내가 주님 앞에 부르짖습니다.……아, 나는 고난에 휩싸이고……나는 무덤으로 내려가는 사람과 다름이 없으며, 기력을 다 잃은 사람과 같이 되었습니다.……나는 주님의 기억에서 사라진 자와 같으며, 주님의 손에서 끊어진 자와도 같습니다.……주님, 어찌하여 주님은 나를 버리시고, 주님의 얼굴을 감추십니까?……주님께서 내 사랑하는 사람들과 이웃을 내게서 떼어놓으셨으니, 오직 어둠만이 나의 친구입니다.^{새번역}

이 절망의 시는 '신뢰의 단절'을 노래하는 듯 보이지만, 사실은 끊기지 않는 관계의 언어입니다. 시인은 여전히 하나님께 말하고 있습니다. 불평하고 항의합니다. 그러나 그는 대화를 멈추지 않습니다. 피스티스는 어둠 속에서도 하나님께 말을 거는 신뢰의 지속입니다. 피스티스란 바로 그런 것입니다. 부재하는 듯한 하나님께 계속해서 기대고 항의하는, 관계의 끈을 놓지 않는 행동입니다.

자족 αὐτάρκεια

파도 속에서 중심을 잡는 판단력

우리 그리스도인도 일상의 크고 작은 환난을 피할 수는 없습니다. 그럴 때마다 마법의 지팡이처럼 힘을 주는 성서 구절을 떠올리곤 하지요. 제가 '마법의 지팡이처럼'이라는 말을 굳이 덧붙인 이유는, 신약성서의 문맥과 2천 년 전 로마 제국 시대의 문화를 고려하지 않은 채 특정 구절만 기억하고 '주문'처럼 떠올리며 자기 최면을 거는 경우가 적지 않기 때문입니다.

빌립보서 4:13이 대표적인 예입니다. 지친 신자에게 당장 힘을 주기에 충분할 정도로 확신에 가득 찬 선언의 모습을 띠고 있어서 그렇지요. "내게 능력 주시는 자 안에서 내가 모든 것을 할 수 있느니라." 짧고 강렬한 문장입니다. '모든 것'everything을 '내가'[1] '할 수 있다'can do는 표현은 현대 사회가 끊임없이 우리에게 주입하는 긍정적 사고 및 진취적 자세와 거의 같은 메시지처럼 들립니다. 입사 면접에서 원하는 대답이자, 수많은 세련된 광고가 계속 변주하며 전하는 이상적 모습입니다. 나는 할 수 있어! 불가능은 없다! Just Do It!

하지만 어떤 성서 구절이 저항 없이 마음에 확 꽂힐 때마다 '하나님이 내게 주시는 말씀'이라고 재빨리 믿어 버리기 전에, 우리는 해당 구절의 앞뒤 문맥을 더욱 조심스럽게 살펴볼 필요가 있습니다. 지금 우리가 사는 사회와 시간적·공간적으로 무척이나 멀리 떨어진 시대의 글이기 때문입니다. 성서의 주된 메시지는 아주 많은 경우 우리의 기대나 가치 체계와 상당히 다릅니다.

빌립보서 4:13은 사실 4:11과 동일한 뜻입니다. 4:12은 그 내용을 더 상세히 설명하는 구절이고요.

11절 어떠한 형편에든지 나는 자족하기를 배웠노니(ἐγὼ γὰρ ἔμαθον ἐν οἷς εἰμι αὐτάρκης εἶναι).

13절 내게 능력 주시는 자 안에서 내가 모든 것을 할 수 있느니라(πάντα ἰσχύω ἐν τῷ ἐνδυναμοῦντί με).

'모든 것'은 '어떠한 형편에든지'와 호응합니다. '할 수 있다'는 '자족할 수 있다'는 말입니다. 그렇다면 자족이라는 개념이 바울이 살던 문화 속에서 어떤 의미였는지 따져 봐야, 그가 말하려는 바를 알 수 있겠지요. 바울과 거의 동시대를 살았던 플루타르코스의 글 한 토막을 인용하겠습니다.『덕과 악덕에 관하여』 101DE

"고귀하고 선한 것이 무엇인지 **배우게 된다면**, 사람은 자기 몫에 **자족**하게 될 것이다(ἀρκέσει). 그는 가난 속에서도 사치스럽게 살 수 있을 것이며 왕처럼 살아갈 것이다. 또한 그는 군사적·시민적 고위 직책에 따르는 삶 못지않게,

평민으로서 근심 없는 삶에서도 결코 덜하지 않는 만족을 얻게 될 것이다. 만일 그가 철학자가 된다면, 그는 불쾌하지 않게 살아가게 될 것이다. 이는 그가 모든 장소와 모든 사물로부터 즐거움을 길어 올리는 법을 배우기 때문이다. 그러므로 부유함은 기쁨이 될 것이다. 그것은 많은 이들에게 유익을 베풀 수 있게 해주기 때문이다. 가난 또한 기쁨이 될 것이다. 그것은 수많은 근심으로부터 자유롭게 해주기 때문이다. 명성 역시 기쁨이 될 것이다. 그것은 존경과 영예를 누리게 해주기 때문이다. 그리고 무명 역시 기쁨이 될 것이다. 그것은 시기를 받지 않게 해주기 때문이다."[49]

마치 빌립보서 4:12을 읽는 것 같은 느낌이 들 정도로 유사하군요! 특히 '배우다'와 '자족'이라는 단어가 나란히 나옵니다. 바울이 살던 사회에서 자족은 많은 철학자들이 추구하던 이상이었습니다. 자족으로 번역된 헬라어 단어 아우타르케스(αὐτάρκης)는 '자신'을 뜻하는 아우토스(αὐτός)와 '만족하다'를 뜻하는 동사 아르케오(ἀρκέω)가 합쳐진 형용사입니다. 영어로는 self-sufficient입니다. 기본적으로 자신이 처한 환경과 가진 것에 만족하는 것을 가리키지요. 얼핏 수동적 태도로 보이겠지만 사실은 매우 능동적인 모습을 표현합니다. 매 상황을 적극적으로 판단하여 수용 또는 거부를 해야 가능한 상태이기 때문입니다.

아우타르케이아: 어떤 형편에도 흔들리지 않는 능력

고전기 헬라어에서 아우타르케스(αὐτάρκης)는 오늘날 흔히 떠올리는 개인의 심리적 만족이나 내적 태도를 가리키는 말이 아니었습니다. 본래 이 단어는 가정이나 도시국가, 혹은 하나의 공동체가 외부의 지원에 의존하지 않고 스스로 유지할 수 있는 상태를 지칭했습니다. 좀 더 구체적으로 말하면 식량 확보, 군사적 방어 능력, 제도의 안정성, 경제적 자립이 내부적으로 충족되는 상황을 의미했던 것이지요. 이러한 의미에서 아우타르케이아(αὐτάρκεια, 명사)는 윤리적 이상 이전에 정치적 판단의 범주에 속하는 개념이며, 자치나 정당한 질서와 같은 개념들과 긴밀하게 결합되어 사용되었습니다.[50]

헬레니즘 시대에 접어들면서 이 말은 점차 공동체의 상태를 설명하는 용어에서 개인의 삶의 방식과 태도를 규정하는 개념으로 많이 사용되었습니다. 이러한 변화는 단순한 의미 확장이 아니라, 인간의 자유와 행복이 무엇이며 어떻게 얻을 수 있는가라는 질문 자체가 새롭게 다듬어지는 과정이었습니다. 고대 철학자들이 각기 이 용어를 어떻게 해석했는지 조금 더 들여다보겠습니다.

플라톤과 아리스토텔레스 둘 다 자족을 중요한 사유의 주제로 다루었지만, 그들이 내린 결론에는 차이가 있습니다. 플라톤은 좋은 삶의 자원이 궁극적으로 인간 내면에 있으며, 타인은 나의 좋은 삶을 이루는 데 필수 조건이 아니라고 생각했습니다. 반면에 아리스토텔레스는 자족의 가치를 인정하면서도 최소한의 물질적 토대, 공동체적 삶, 그리고 제한된 범위의 우정 없이는 인간의 삶이 완성될 수 없다고 보았습니다. 그의 관점에서 자족은 고립을 뜻하지 않으며, 인간이 행복하게 사는 여러 조건들이 적절하게 충족된 상태를 가리켰습니다.

특히 스토아 학파에서 자족은 인간 행복의 핵심 원리로 자리 잡았습니다. 이 철학 전통에 따르면 진정한 행복(웰빙의 의미에 더 가깝습니다)은 외적 성취나 환경적 조건에 의해 좌우되지 않으며, 오직 덕을 성취하는 삶 그 자체에 의해 성립합니다. 부와 명예, 건강과 질병, 나아가 빈곤과 추방에 이르기까지 모든 외적 조건은 본질적으로 인간 삶의 핵심 목적인 덕과 관계가 없는 것, 곧 '아디아포라'(*adiaphora*)로 분류됩니다. 여기서 이상적인 인간은 운명과 자연의 질서를 거부하지 않고 받아들이며, 어떤 상황 속에서도 내적 평형과 자유를 유지하는 존재로 그려졌습니다. 세네카, 에픽테토스, 마르쿠스 아우렐리우스의 저작은 이러한 인간상을 명징하게 제시하지요.

견유학파는 이 자족 개념을 한층 더 급진적인 방향으로 전개합니다. 그들은 외부 세계를 인간을 구속하는 근원으로 간주했습니다. 따라서 견유학파 철학자들은 가족과 사회, 재산과 관습을 제거되어야 할 장애물로 보았고, 의식적인 훈련과 고통을 통해 극도로 단순화된 삶을 실천함으로써 외부로부터 완전히 자유로운 인간이 될 수 있다고 설파했습니다. 이 철학 전통에서 자족은 심리적 안정이 아니라 사회적 관계와 제도 자체로부터의 단절을 의미했습니다.

조금 단순화해서 말하면, 외부에서 오는 복잡한 문제들에 직면해도 결코 흔들림 없는 평정심과 자유로움을 유지하는 것이 그리스-로마 시대 철학의 핵심이었습니다. 스토아 학파든 에피쿠로스 학파든, 구체적인 방법은 다를지라도 욕망을 제어하기 위해 부단한 노력을 해야 한다고 강조했습니다. 거의 제2의 천성이 될 정도로 노력해야 한다고 말이지요. 이런 노력은 어떤 대

상의 가치에 대해 끊임없이 판단하고 식별하는 것으로 이루어
집니다. 무엇이 나에게 중요한지, 무엇이 나쁜지, 무엇이 '대수
롭지 않은 일'인지 분류하고 판단하는 것입니다. 철학자들은 궁
극적 판단 기준을 최고선the Supreme Good이라고 불렀습니다. 스토아
학파는 '자연에 따르는 삶'을, 에피쿠로스 학파는 '고통이 없는
삶'을 최고로 여겼고, 오로지 그 목표에 도달하는 데 기여하는
것만 중요하다고 보았습니다. 그러니까 매번 정확한 판단을 할
수 있는 정교하고 확고한 가치 체계를 가지고 있어야 한다는 말
이지요. 철학자들의 논의가 주로 '가치 체계의 전도', 곧 기존의
가치 판단에 도전하는 맥락에서 진행되었다는 점도 염두에 두
어야 합니다. 바울도 빌립보서에서 이러한 분류와 식별에 대해,
그리고 가치의 전도에 대해 말하고 있습니다. ^{빌 3:7-8}[1]

그러나 무엇이든 나에게 이득이라고 여겼던 바로 그것들을
이제는 그리스도님 때문에 손해로 여깁니다. 더욱이 나는
아예 모든 것들을 손해로 여깁니다. 그리스도 예수님, 곧
나의 주님을 아는 것이 더없이 중요한 일이기 때문입니다.
주님을 위해 나는 그 모든 것들을 내던져 버렸습니다. 나는
그것들을 배설물로 여깁니다! 그것은 그리스도님을 얻기
위해서입니다. ^{새한글성경}

자족: 내 능력이 아닌 의존의 신비

가장 중요한 것이 무엇인지 확실하게 아는 능력은 해롭거나 '별
것 아닌 것'이 무엇인지도 정확히 식별하게 해줍니다. 가난과 풍
족함마저도 영향을 끼칠 수 없는 내적 자유와 흔들림 없는 평안

함을 얻을 수 있다는 말이지요. 그러면 자족에 이르게 됩니다. 앞서 언급한 철학자들은 각자의 이론에 따라 끊임없는 수련을 통해 이런 단계에 이를 수 있다고 가르쳤지만, 바울은 하나님과 그리스도에 의해 이것이 가능해진다고 말하며 바로 자신이 그 예라고 주장합니다.

"내게 능력 주시는 이"가 주신 능력은 바로 이런 분별력, 곧 '종교적 통찰'입니다.[52] 우리말로 번역하기 까다로운 빌립보서 4:12을 보면 이 종교적 통찰을 말하고 있음을 알 수 있습니다. "나는 적게 가지는 것이 어떤 것인지, 그리고 넉넉히 가지는 것이 어떤 것인지 압니다. 배부르거나 굶주리는 것, 풍족하거나 궁핍한 것, 곧 온갖 처지와 모든 상황에서 (지낼 수 있는) **비밀스러운 의례에 입문한 것이지요**(μεμύημαι, 본래 밀의 제의에 입문한다는 의미의 동사). "빌 4:12, 저자 사역

우리가 빌립보서 4:13을 떠올릴 때 흔히 저지르는 오류의 근원은 '내가 할 수 있다'에서 '내가'라는 단어에 집중하는 데 있습니다. 바울은 "내게 능력 주시는 분"만이 이 힘의 근원이라고 말하고 있는데 말이죠. 직역하면 이렇습니다. "나를 강하게 하시는 분 안에서 나는 모든 것에 대해 강합니다." 그러므로 빌립보서 4:11-13을 다음과 같이 명료하게 요약할 수 있습니다.

4:11 바울은 가난 때문에 불평하는 것이 아니라, 어떤
상황에도 자족하도록 훈련된 사람이다.
4:12 자족이란 가난과 풍요, 배고픔과 배부름이라는 실제
삶의 조건, 특히 경제적 동요 속에서 흔들리지 않는 태도다.
4:13 그 태도는 자기 수련의 결과가 아니라, 바울을 강하게

하시는 분에 대한 의존에서 나온다.

자족의 의미에서 또 하나 중요한 점은, 자족이라는 상태가 신의 품성 혹은 특성 중 하나라는 것입니다. 바울 시대의 철학자들이 남긴 글을 보면, 신은 결핍을 느끼지 않아 아무것도 필요로 하지 않고 자족하는 존재입니다. 바울과 거의 같은 시기에 활동했던 박식한 유대인인 알렉산드리아의 필론^{Philo of Alexandria}도 비슷한 말을 합니다. 『덕에 관하여』 953

"하나님은 아무것도 필요로 하지 않는다. 어떤 것에도 부족함이 없으며, 오히려 그 자신이 자기 자신에게 가장 자족적인 분(αὐταρκέστατος)이다. 반면에 저열한 자는 많은 것을 필요로 한다. 채워지지도 만족되지도 않는 욕망 때문에 없는 것들을 항상 갈망하며, 그 욕망을 불처럼 부채질하고 타오르게 하여 크고 작은 모든 것으로 뻗어 나간다. 그러나 덕 있는 자는 적게 필요로 한다. 불멸의 본성과 가멸의 본성 사이 경계에 있어서, 한편으로는 죽을 수밖에 없는 몸 때문에 필요를 가지지만, 다른 한편으로는 불멸을 갈망하는 영혼 때문에 많은 것을 필요로 하지 않는다."

요약하면, 빌립보서 4:13에서 바울은 "나는 하나님과 그리스도의 도우심으로 자족할 줄 알게 되었다"라고 말하고 있으며, 다시 이것은 가장 중요한 것이 무엇인지 예리하게 식별하는 판단력을 발휘하여 하나님을 (조금이나마) 닮은 삶을 살 수 있게 되었다는 것을 뜻합니다. 바울은 이런 상태가 어떤 것인지 구체적으로 말합니다. 다시 한번 빌립보서 4:12을 인용하겠습니다.

나는 적게 가지는 것이 어떤 것인지, 그리고 넉넉히
가지는 것이 어떤 것인지 압니다. 배부르거나 굶주리는 것,
풍족하거나 궁핍한 것, 즉 온갖 처지와 모든 상황에서 (지낼 수
있는) 비밀스러운 의례에 입문한 것이지요. 저자 사역

도키마제인 δοκιμάζειν

분별하는 지성의 탄생

혹시 이런 말을 들어 본 적이 있는지요? "인간은 전적 타락 때문에 바른 판단을 할 수 없다"는 주장 말입니다. 또한 시국이 어지럽고 나라가 혼란에 빠질 때마다 단골처럼 등장하는 설교 메시지가 있습니다. "좌로나 우로나 치우치지 말고 하나님만 바라보자!" 언뜻 서로 상관없어 보이는 이 두 가지 진술은 은연중에 결합하여, 그리스도인이 현실 정치에서 판단을 유보하거나 참여를 주저하게 만드는 신학적 근거로 작동하곤 합니다.

그러나 성서가 정말 그리스도인의 판단 능력과 헤아리는 지성이 회복 불가능할 정도로 망가졌다고 말하고 있을까요? 결코 그렇지 않습니다. 바울은 로마서 12장 도입부에서 복음이 가져온 인간 정신의 혁명적 변화를 선언합니다. 흔히 간과되는 본문인 로마서 12:1-2을 면밀히 살펴보겠습니다.

로마서 12:1-2: 그리스도교 윤리의 대전제

로마서 12:1-2은 단순한 권면의 나열이 아닙니다. 이 두 구절은 이후에 등장하는 로마서 본문의 모든 개별적 윤리 지침에 의미를 부여하고 방향을 제시하는 '서문'이자 '기초적 오리엔테이션'의 역할을 합니다.[54] 바울의 권면은 다음과 같습니다. ^{롬 12:2}

> 그리고 여러분은 이 세대의 틀에 여러분 자신을 끼워 맞추지 마십시오(μὴ συσχηματίζεσθε). 도리어 마음(정신)의 갱신으로 변화를 받으십시오(μεταμορφοῦσθε). 이는 하나님의 뜻, 곧 선하고 기꺼이 받으실 만하며 완전한 것이 무엇인지 분별하도록(δοκιμάζειν) 하기 위함입니다. ^{저자 사역}

본문의 메시지를 한눈에 볼 수 있도록 다시 배치해 보겠습니다.

1. 이 세대의 틀에 여러분 자신을 끼워 맞추지(conform) 마십시오.
2. 정신의 갱신을 통해 변화되십시오(transform).
3. 변화의 결과와 목적은 하나님의 뜻을 분별하는(discern) 것입니다.

바울은 "이 세대의 '틀'(스케마)에 여러분 자신을 끼워 맞추지 마십시오"(μὴ συσχηματίζεσθε, 메 쉬**스케마**티제스테)라고 명령합니다. 반면에 바울이 촉구하는 "변화"(μεταμορφοῦσθε)는 본질의 변형을 의미합니다.

동화: con | form (×) – 세상의 질서에 끼워 맞춰짐

변화: trans | form (○) – 성령 안에서 본질이 변화됨

그러면 어떤 방법으로, 무엇을 바탕으로 우리는 변화될 수 있을까요? 바울의 답은 "정신/지성의 갱신으로"(τῇ ἀνακαινώσει τοῦ νοός)입니다. 이 문구는 다음과 같이 분해됩니다. τῇ(여격 정관사: by the)+ἀνακαινώσει(renewal, 갱신)+τοῦ(속격 정관사: of the)+νοός(mind, 정신/지성)=by the renewal of the mind. 여기서 '정신/지성'으로 번역된 단어는 누스(νοῦς)입니다. 기본적으로 동물과 사람을 구별하는 결정적 차이인 '이성'을 뜻하며,[55] 올바른 선택을 통해 지혜로운 삶을 살아가게 하는 기능을 합니다.

정신의 갱신을 통해 변화되는 것의 결과와 목적은 바로 '분별력 발휘'(δοκιμάζειν, 도키마제인)에 있습니다. 이 단어는 원래 공적 영역에서 어떤 대상을 제대로 알기 위해 시험하고 따져 보는 행위를 뜻했습니다.[56] 시험에 통과하면 인증을 받고, 그 가치를 인정받게 됩니다. 그렇게 인증된 상태를 도키메(δοκιμή)라고 불렀습니다. '검증하여 밝혀내다, 알아내다'라는 뜻이 확장되어 '분별하다, 식별하다'라는 뜻도 가지게 되었습니다. 로마서 12:2의 도키마제인은 놀랍게도 '**매 순간** 올바른 그리스도교 윤리적 판단을 형성하는 능력'을 가리킵니다.[57] 그리스도교 윤리는 '고정된 행동의 목록'으로 이루어져 있지 않습니다. 매번 새롭게 마주하는 상황 속에서 '무엇이 하나님의 뜻인지' 숙고하면서 그때그때 새롭게 분별해 내야 하는 '과제'입니다.[58]

복음 이전과 이후의 인간

바울은 여기서 한 걸음 더 나아갑니다. 그는 우리가 무려 하나

님의 뜻을 분별할 수 있게 되었다고 선언합니다. 얼핏 밋밋하고 뻔한 이야기 같지만 그렇지 않습니다. 로마서 1장에 묘사된 '복음 이전의 인간의 처지'와 비교해 보면, 이 '분별하는 능력'의 회복은 타락한 인간의 상태와 극명한 대조를 이룹니다. 로마서 1:28은 이렇게 말합니다.

> 또한 그들은 하나님을 지식으로 알고 모시려 하는 것을 인정하지 않았기 때문에 하나님은 그들을 그들의 **분별력 없는 정신**(ἀδόκιμος νοῦς, 아도키모스 누스)에 넘겨 버리셨고, 그 결과 [그들은] 적절치 않은 행위들을 했으며……. ^{저자 사역}

로마서 1장 후반부에 연속으로 나오는 동사인 '넘겨주다'(παρέδωκεν)와 12장의 '분별하다'(δοκιμάζειν) 사이의 신학적 대조에 주목해야 합니다.[59] 1장에서 하나님은 인간을 그들의 그릇된 욕망과 분별력 없는 상태에 '넘겨주시지만', 12장에 이르면 복음 안에서 인간의 지성을 다시금 회복시켜 그분의 뜻을 '분별할 수 있는' 주체로 세우십니다. 또한 12:1의 "온몸으로 드리는 제물"과 이성적 예배(τὴν λογικὴν λατρείαν)는 1:18-32의 경배 거부와 날카롭게 대조됩니다. 바울은 "몸"을 드리라고 말하는데 여기서 몸(σῶμα)이란 '윤리적으로 표현되고 경험할 수 있는 정체성의 외면^{外面}'을 의미하며, 1장에서 인간을 노예 상태로 만든 것과 명확히 대조됩니다.[60]

복음으로 변화되기 전: 분별력 없는 정신(ἀδόκιμος νοῦς, 아도키모스 누스)에 넘겨짐

복음으로 변화된 후: 정신의 갱신으로 하나님의 뜻을
분별(δοκιμάζειν)하고 하나님께 온전한 예배를 드릴 수 있게 됨

'분별력 없는'이라는 뜻의 단어 아도키모스(ἀδόκιμος)는 도키모스(δόκιμος)에 반대말을 만드는 접두사 아-(ἀ-)를 덧붙인 말로, 도키마제인(δοκιμάζειν, 검증하여 밝혀냄=분별하기)을 할 수 없는 상태를 말합니다.

로마서는 하나님의 뜻을 분간하지 못하던 인간이 복음을 통해 하나님의 뜻을 분별할 수 있게 되고, 그분의 뜻에 따라 행동할 수 있게 되었다는 점을 강조합니다. 분별력을 갖추었기에 착한 마음으로 서로를 타이를 수 있게 된 것입니다. 로마서 15:14은 이렇게 선언합니다. "여러분이야말로 착한 마음으로 꽉 차 있고, 온갖 지식으로 가득 차 있고, 서로 타이를 수도 있는 분들이라는 것을요."새한글성경 바울은 로마 교인들에게 그들이 서로 권면하고(νουθετεῖν, 누테테인) 바로잡아 줄 수 있는 능력이 있다고 확신합니다. 이것은 단순한 수사가 아니라 복음을 통해 회복된 판단 능력에 대한 신학적 확신입니다.

바울은 로마서 8:3-4에서 이러한 상태를 다음과 같은 말로 표현합니다.

육신으로 말미암아 율법이 미약해져서 해낼 수 없었던
그 일을 하나님께서 해결하셨습니다. 곧 하나님께서는
자기의 아들을 죄된 육신을 지닌 모습으로 보내셔서, 죄를
없애시려고 그 육신에다 죄의 선고를 내리셨습니다. 그것은,
육신을 따라 살지 않고 성령을 따라 사는 우리가, **율법이**

요구하는 바를 이루게 하시려는 것입니다.^{새번역}

하나님의 복음을 통해 변화를 받아서 하나님의 율법이 요
구하는 바를 성취하게 된 인간! 많은 독자들이 의외라고 생각하
겠지만, 이것이 로마서 메시지의 핵심 중 하나입니다. 그리고 이
것이 "좌로나 우로나 치우치지 않는" 인간입니다. 왜냐하면 구
약성서에서 "좌로나 우로나 치우치지 않는 것"은 하나님의 명령
과 규율이라는 목표에서 이탈하지 않는 것을 뜻하기 때문입니
다. 신명기 5:32-33은 이렇게 말합니다.

> 그런즉 너희 하나님 여호와께서 너희에게 명령하신 대로
> 너희는 삼가 행하여 **좌로나 우로나 치우치지 말고** 너희 하나님
> 여호와께서 너희에게 명령하신 모든 도를 행하라. 그리하면
> 너희가 살 것이요 복이 너희에게 있을 것이며 너희가 차지한
> 땅에서 너희의 날이 길리라.

이 표현은 정치적으로 좌편향이나 우편향을 취하지 말라는
말이 아닙니다! 오히려 하나님의 명령에 충실하라는, 곧 정의와
공의의 길에서 벗어나지 말라는 뜻입니다!

우리는 복음의 변혁적 능력을 통해 이제 하나님의 뜻을 분
별할 수 있는 사람이 되었습니다. 하나님의 뜻은 성서 전체에 명
확히 나와 있습니다. 사랑과 자비와 공의, 정의, 가난하고 소외
된 자에 대한 관심입니다.

전적 타락을 말하기 전에 우리는 먼저 우리에게 부여된 분
별력을 충분히 그리고 최대한 사용해야 합니다. 우리는 "정신의

갱신"을 받은 사람입니다. "생각하라"(φρονέω, 프로네오)는 권고가 바울 서신에 자주 나온다는 사실을 잊지 말아야 합니다. ^{롬 12:3;} ^{빌 2:2, 5 등}

우리는 실생활에서나 정치적으로나 숙고를 통해 올바른 판단을 내릴 수 있습니다. 정치권력이 오만하고 불의와 불공정과 차별을 일삼는다면, 하나님의 이름으로 비판하고 저항해야 합니다. 세상의 풍조에 동화되기를 거부하고, 불의한 권력이 하나님의 뜻을 거스를 때 '그것은 선하지 않다'고 판단하여 말할 수 있는 용기, 이것이 바로 정신의 갱신을 받은 자의 분별력입니다.

3.

하나님과
예수의 '감정'

혐오μίσος

존재의 소멸을 바라는 것

감정의 역사

사랑의 메시지를 온 세상에 전하던 초창기 그리스도교 공동체
는 매우 역설적인 경험을 했습니다. 그들은 사랑의 반대 곧 미
움을 받았고, 앞으로도 큰 미움을 받을 것이라고 생각했습니다.
예수께서 그렇게 말씀하셨습니다. 헬라어로 '미워하다'를 뜻하
는 동사는 미세오(μισέω)이고 명사형은 미소스(μίσος)입니다. 여
성 혐오가 영어로 misogyny인데, 이는 '증오'를 의미하는 미소스
(μίσος)와 '여성'을 의미하는 귀네(γυνή)의 합성어입니다.

그런데 지금껏 살펴본 것처럼, 그리스-로마 문화에서 미움
이라는 감정도 현대인이 생각하는 미움과 똑같지는 않았습니
다. 감정사 history of emotions 연구가 밝혀냈듯이 감정은 시간과 공간에
따라 변화합니다. 현대 심리학에서 미움은 거의 예외 없이 부정
적 감정으로 분류되지요. 긍정적 감정인 사랑과 동정에 대립되
는 것으로 여겨집니다.

그러나 고대 세계에서 미움은 그렇게 단순하지 않았습니

다. 고대 그리스인들에게 미소스는 충동적인 감정의 폭발이 아니라 도덕적 판단에 기반한 '냉정한 적대감'에 가까웠습니다.[1] 그리고 "도덕적 판단에 기반한" 적대감이 일상생활에서든 전쟁에서든 도덕적으로 중요한 역할을 할 수 있다고 보았습니다.

플루타르코스는 『시기와 증오에 관하여』라는 글에서 "사실 악에 대한 미움은 칭찬받는 것들 가운데 하나다"라고 말합니다.[2] 이것이 현대의 감정 이해와 근본적으로 다른 지점입니다. 다시 말해 고대 그리스에서 미소스는 악한 품성을 가진 사람이나 그렇게 행동하는 사람(도둑, 밀고자, 배신자 등)에 대해 정당하게 취할 수 있는 태도였습니다. 오히려 덕의 반대편에 있는 것을 거부하는 감정으로서 긍정적 평가를 받기도 했습니다. 도덕적으로 결함이 있는 자들을 미워하는 것은 그 자체로 정당한 도덕적 감수성의 표현이었던 것이지요.[3]

아리스토텔레스가 『수사학』에서 자세히 다룬 감정의 분류와 정의는 후대에도 상당한 영향력을 미쳤습니다. 그래서 그리스-로마 철학의 감정 이해를 논할 때 늘 출발점이 됩니다. 아리스토텔레스에게 감정은 단순히 이성에 대립되는 것이 아니었습니다. 현대의 학자들이 재발견하기 시작했듯이 고대 헬라어 문화권에서 감정은 본질적으로 판단에 의존하는 것이었습니다. 바로 이런 이유로 감정은 본능적이고 보편적인 반응이 아니라, 특정 사회의 가치에 의해 조건 지어집니다. 현대 용어로 말하면, 감정은 인지적 기반에 바탕을 두고 있으며 사회적으로 구성된 것입니다.

존재의 소멸: 분노와 증오를 가르는 경계선

아리스토텔레스의 글을 자세히 살펴보겠습니다. 비교는 늘 우리의 생각을 명료하게 해줍니다. 고맙게도 아리스토텔레스는 증오와 분노를 비교하면서 증오의 특성을 설명합니다. 그는 증오(μῖσος)와 분노(ὀργή)를 명확히 구분하는데, 현대의 감정 이해에서는 이 둘이 상당히 겹치지만 헬라어에서는 그렇지 않습니다. 아리스토텔레스의 설명을 거의 전문 인용하면 다음과 같습니다. 『수사학』 2.4, 1382a1-14

적개심(ἔχθρα)과 미워함(μισεῖν)에 관해서는 그 반대들에 기초하여 이해할 수 있다. 분노, 악의, 중상은 적개심을 낳는다. 그러나 분노는 자신에게 일어난 일에서 비롯되는 반면, 적개심은 [그 행위가] 자신을 향한 것이 아니어도 발생한다. 누군가가 어떤 종류의 사람이라고 믿으면, 우리는 그를 미워한다. 또한 분노는 언제나 개별자를 향한다. 예컨대 칼리아스나 소크라테스처럼. 반면에 증오(μῖσος)는 유형에 대해서도 느껴진다. 누구나 도둑과 밀고자를 미워한다. 더욱이 분노는 시간에 의해 치유되지만, 증오는 치유되지 않는다. 또한 분노는 고통을 가하려는 욕망인 반면, 증오는 해악을 끼치려는 욕망이다. 분노하는 사람은 [자신의 복수가] 인지되기를 바라지만, 미워하는 사람에게는 그것이 중요하지 않다.……게다가 분노는 고통을 동반하지만, 증오는 고통 없이 일어난다. 분노하는 사람은 고통을 느끼지만, 미워하는 사람은 그렇지 않다. 또한 분노한 사람은 [상대에게] 충분한 [불행이 닥치면] 연민을 느낄 수 있지만, 미워하는 사람은 어떤

경우에도 그렇지 않다. 분노한 사람은 자신에게 분노를
일으킨 사람이 그 대가로 고통받기를 바라지만, 미워하는
사람은 그가 존재하지 않기를 바란다.

그가 제시한 다섯 가지 차이를 잘 살펴보면, 고대인의 생각을 좀 더 정확히 엿볼 수 있습니다. 첫째, 분노는 '나'에게서 시작되지만, 증오는 '나'와 상관없이 생겨납니다. 아리스토텔레스에 따르면 분노는 누군가가 나를 깔보는 것에서 촉발되지만, 증오는 나와 직접적인 관계가 없어도 생깁니다. 어떤 사람을 그런 부류로 규정하고 판단하는 순간, 우리는 그를 미워할 수 있습니다. 직접 피해를 입지 않았어도 말입니다.

둘째, 분노는 특정한 한 사람을 향하지만, 증오는 집단 전체로 퍼집니다. 화가 날 때 우리는 '저 사람'에게 분노합니다. 그러나 미움은 '집단'을 대상으로 할 수 있습니다. 흥미로운 점은 고대인이 미워한 '집단'과 현대인이 미워한 '집단'이 다르다는 것입니다. 오늘날 증오 범죄는 대개 인종, 민족, 종교, 성별처럼 타고난 정체성을 공격 대상으로 삼습니다. 하지만 아리스토텔레스에게 미움의 대상은 도덕적으로 결함 있는 사람들, 곧 도둑이나 밀고자처럼 '나쁜 성품을 선택한 자들'이었습니다. 그에게 증오란 악에 대한 도덕적 판단이었습니다.[4]

셋째, 분노는 시간이 지나면 가라앉지만, 증오는 쉽게 사라지지 않습니다. 아리스토텔레스는 분노를 "치유 가능한"(ἰατόν) 것으로 본 반면, 증오는 "불치"(ἀνίατον)라고 말했습니다. 그는 증오가 한번 자리 잡으면 좀처럼 떠나지 않는 영혼의 만성 질환과 같다고 생각한 것입니다.

넷째, 분노는 상대에게 고통을 주려 하지만, 증오는 상대가 아예 존재하지 않기(μὴ εἶναι)를 바랍니다. 화가 났을 때 우리가 원하는 것은 상대도 나처럼 괴로워하는 것, 내가 당한 무시를 상대도 당하게 하는 것입니다. 복수에 성공하려면 상대가 그것을 알아채야 합니다. 그래서 분노한 사람은 상대의 죽음까지 바라지는 않습니다. 죽어 버리면 복수의 '쾌감'을 누릴 수 없으니까요. 반면에 미워하는 사람은 상대가 세상에서 사라지기를 바랍니다. 증오의 목적은 고통이 아니라 '존재의 소멸'입니다.

다섯째, 분노하는 사람은 그 자신도 괴롭고 때로 상대를 불쌍히 여기지만, 미워하는 사람은 괴로움을 느끼지도 않고 상대를 불쌍히 여기지도 않습니다. 분노는 결국 내가 무시당했다는 사회적 판단에서 비롯되므로, 분노하는 사람 자신도 고통 속에 있습니다. 그러나 미워하는 사람은 아무런 내적 동요 없이 상대를 거부합니다. 냉정하고 단호하게, 어떤 고통도 느끼지 않은 채 상대의 파멸을 바랍니다. 바로 이 점이 증오가 잔혹한 폭력으로 이어질 수 있는 이유를 설명해 줍니다. 증오는 차갑지만 오래갑니다. 분노는 상대를 벌하려 하지만, 증오는 상대를 지우려 합니다.

고대 로마에서는 다양한 형태의 증오와 혐오가 사회 전반에 걸쳐 나타났습니다. 이러한 감정은 공적 담론부터 문학 작품까지 광범위하게 스며들었습니다. 로마 제국 시대에 들어서면서 특히 외국인과 이방인에 대한 경멸적 태도가 두드러지게 표출됩니다. 로마의 전통적 가치관을 고수하던 시민들은 유대인, 아프리카 출신자 등 비로마 시민들을 열등하게 취급하는 경향이 있었습니다. 이는 로마 문학(특히 유베날리스^{Juvenal})에도 분명히 드러납니다.

정치 영역에서도 증오는 전략적으로 활용되었습니다. 로마의 정치 연설에서는 공공의 이익을 위협한다고 여겨지는 피고인들을 향한 적개심을 의도적으로 자극하는 전략이 자주 사용되었습니다. 이런 수사학적 접근은 증오가 어떻게 정치적 도구로 기능하여 반대자를 악마화하고 지지 세력을 결집시키는 데 활용되는지 보여줍니다.

영적 회로의 단절: 사랑하지 않음은 곧 살인

이러한 관점에서 보면, 초창기 그리스도인들이 겪어야 했던 미움은 단순히 우리가 생각하는 미움이 아니었습니다. '지속적이고 악의적이며 공격적인 혐오'에 더 가까웠습니다. 그리스도교 공동체 전체를 향한 끊임없는 악의의 표현이자, 공동체의 존립 자체를 위협하는 파괴적 판단이고 태도였다는 말이지요. 물론 1세기 후반의 모든 그리스도인이 로마 제국 차원에서 전방위적으로 가해진 핍박을 받은 것은 아닙니다. 그리스도인들에 대한 전면적 핍박은 적어도 1세기에는 없었습니다. 지역마다 장소마다 그 강도가 달랐습니다. 그렇지만 그리스도인들 스스로 감지한, 주위로부터 날카롭게 다가오는 위협적 혐오는 단순한 미움의 차원을 훨씬 뛰어넘는 것이었습니다.

이제 이러한 배경 지식을 바탕으로, '미워하다'라는 동사가 나오는 신약성서의 주요 구절 몇 개를 다시 읽어 보겠습니다.

요한복음 3:20　　　악을 행하는 자마다 빛을 **혐오하고**

증오하여(μισεῖ, 미세이) 빛으로 오지

	아니하나니 이는 그 행위가 드러날까 함이요.
요한복음 15:19	너희가 세상에 속하였으면 세상이 자기의 것을 사랑할 것이나 너희는 세상에 속한 자가 아니요 도리어 내가 너희를 세상에서 택하였기 때문에 세상이 너희를 **혐오하고 증오하느니라**(μισεῖ, 미세이).
누가복음 21:17	또 너희가 내 이름으로 말미암아 모든 사람에게 **혐오와 증오의 대상이 될 것**(μισούμενοι, 미수메노이)이나.
요한1서 4:20	누구든지 하나님을 사랑하노라 하고 그 형제를 **혐오하고 증오하면**(μισῇ, 미세) 이는 거짓말하는 자니 보는 바 그 형제를 사랑하지 아니하는 자는 보지 못하는 바 하나님을 사랑할 수 없느니라.
요한1서 3:15	그 형제를 **혐오하고 증오하는**(μισῶν, 미손) 자마다 살인하는 자니 살인하는 자마다 영생이 그 속에 거하지 아니하는 것을 너희가 아는 바라.

앞서 살펴본 것처럼, 여기서 동사 '미워하다'를 '혐오하고 증오하다'로 바꿔 읽으면 더 뜻이 통합니다.

위에 인용한 요한복음과 요한1서를 한 걸음 더 들어가 살펴 보겠습니다. 요한복음과 요한 서신에서 미움은 깊은 신학적 의미를 지닙니다. 이 구절들을 이해하려면 먼저 요한 문헌의 독특한 세계관을 알아야 합니다. 요한에게 세상은 빛과 어둠, 진리와 거짓, 사랑과 미움으로 나뉩니다. 그리고 이 둘 사이에 중간 지대는 없습니다.

요한의 세계에서 그리스도는 세상의 빛이며 하나님 사랑의 구체적인 행위입니다. 빛이 밝을수록 어둠은 더 짙게 드러나기 때문입니다. 바로 이 때문에 세상의 증오가 격렬해집니다. 앞에서 소개한 아리스토텔레스의 분석에 따르면, 세상의 증오는 지속적으로 '존재의 소멸'을 목적으로 합니다. 그리고 '특정한 종류의 집단'을 타깃으로 합니다. 요한의 이원론적 세계관에서는 사랑과 미움 사이의 선택만이 있을 뿐, 중립적인 자리는 없습니다. 흔히 사랑이 눈을 멀게 한다고 하지만, 요한의 관점에서는 정반대입니다. 사랑이 눈을 멀게 하는 것이 아니라 증오가 눈을 멀게 합니다.[5]

그렇다면 형제를 미워한다는 것은 무엇을 뜻할까요? 요한은 '사랑의 실패'라고 표현합니다. 요한1서는 "사랑하지 않는 자는 사망에 머물러 있느니라"요일 3:14고까지 선언합니다. 빛과 어둠 사이에, 진리와 거짓 사이에 중간 지대가 없듯이, 사랑과 미움 사이에도 중간은 없습니다. 사랑하지 않는 것은 곧 미워하는 것입니다.[6] 미움은 '지속적이고 악의적이며 공격적인 혐오'라고 앞서 말했지요. 그래서 사랑하지 않음 그 자체가 이미 '사망에 머무는 것'입니다. 이는 고대인의 증오 이해를 떠올리면 납득이 가는 말입니다.

그러면, 같은 그리스도인을 미워하지 말라는 당연한 말이 왜 성서에 기록되어 있을까요? 아마도 그리스도 안에서의 형제자매들을 미워하는 일이 실제로 있었기 때문일 것입니다. 요한

1서 4:20은 이렇게 말합니다. "누구든지 하나님을 사랑하노라 하고 그 형제를 미워하면 이는 거짓말하는 자니 보는 바 그 형제를 사랑하지 아니하는 자는 보지 못하는 바 하나님을 사랑할 수 없느니라." 여기서 요한은 강력한 논거를 펼칩니다. 사랑의 순환은 눈에 보이는 형제자매를 건너뛰고 보이지 않는 하나님에게로 곧바로 연결될 수 없습니다. 눈앞의 형제를 우회하여 하나님만 사랑하겠다는 것은 "치명적인 합선"fataler Kurzschluß이 발생한 것과 같습니다.[7] 전기 회로가 끊어지면 전류가 흐르지 않듯이, 형제를 미워하면서 하나님을 사랑한다는 것은 영적 회로가 단절된 상태입니다.

요한 서신의 사랑 계명은 모든 인류를 향한 추상적인 박애가 아닙니다. 그것은 일차적으로 공동체 내부의 형제자매들을 향합니다. 세상의 '존재를 소멸하려는' 미움에 노출된 이들이 바로 그들이었고, 따라서 서로에게 확신과 실질적인 도움을 주어야 하는 대상도 바로 그들이었습니다. 사랑은 미움받는 공동체의 생존 원리였던 것이지요.[8]

이 맥락에서 요한1서 3:15의 충격적인 선언이 이해됩니다. "그 형제를 미워하는 자마다 살인하는 자니 살인하는 자마다 영생이 그 속에 거하지 아니하는 것을 너희가 아는 바라." 형제를 미워하는 것이 왜 살인일까요? 바로 앞 구절에 등장하는 가인의 이야기가 그 답입니다. 요한에게 미움은 현대인이 생각하듯 순간적으로 일어나는 감정이 아닙니다. 그것은 능동적이고 극단적이어서 살인과 같습니다. 요한 서신에서 형제를 미워하는 것은 바로 형제가 없어지기를 바라는 것이고, 따라서 이미 마음속에서 저질러진 살인입니다.

교회사를 들여다볼 때 가장 역설적인 지점은, 지독한 혐오와 파괴의 대상이었던 그리스도교가 수없이 많은 혐오 및 증오에 기반한 파괴적 행위의 원천을 제공했다는 사실입니다. 그런데 21세기 대한민국에도 유사한 상황이 벌어지고 있습니다. 일부 교회들이 소수 집단에 대한 차별을 옳다고 판단하고 선전하며, 극단적 혐오의 언어를 남발하는 주체가 되었습니다. 아예 상대방의 존재를 인정하지 않거나 없어지기를 바라는 말을 걸러짐 없이 마구 뱉어 냅니다. 아리스토텔레스가 정의한 미움의 핵심, 곧 상대방이 아예 '존재하지 않기'(μὴ εἶναι)를 바라는 것이 오늘날 대한민국에서 그대로 재현되고 있는 것입니다.

그 결과 작용-반작용의 법칙처럼 한국 교회(정확히는 개신교)를 혐오하는 사람의 수가 끝없이 늘어나고 있습니다. 지금 교회가 받는 미움과 경멸은 초기 그리스도교 공동체가 겪었던 증오나 혐오와 전혀 다릅니다. '빛'을 사랑해서, '세상'에 속하지 않아서, 또는 '예수의 이름' 때문에 미움받는 것이 아니기 때문입니다.

요한계시록은 신약성서에서 혐오 정서가 가장 두드러지게 나타나는 독특한 경우인데, 거기서 혐오의 주요 대상은 우상숭배입니다. 그리스도인은 혐오하고 차별하고 증오하는 사람이 아닙니다. 군이 혐오해야 할 대상이 있다면, 그것은 하나님 외에 다른 것을 섬기는 우상숭배입니다. 우리 시대에 적용하자면, 돈과 권력과 높은 지위를 향한 맹목적 열망입니다.

분노 ὀργή

하나님의 분노, 그 오해된 감정에 관하여

신앙생활을 하며 우리는 하나님의 사랑에 대해서는 무수히 듣고 말하지만, 하나님의 분노에 대해서는 의아할 정도로 침묵합니다. '하나님이 분노하신다'는 말이 듣기에 불편해서일까요? 아니면 하나님의 사랑은 피부에 와닿는 현실인 반면, 하나님의 분노는 고대 신화의 잔재처럼 느껴져서일까요?

사실 이러한 불편함은 현대인에게 매우 자연스러운 반응입니다. 현대 심리학은 분노를 조절해야 할 충동으로 다루고, 우리 문화는 분노를 성숙한 인격과 양립하기 어려운 미성숙함으로 간주하기 때문입니다. 그렇기에 '하나님의 분노'라는 개념은 신학자와 신자 모두에게 딜레마를 안겨 줍니다. 많은 이들이 이 거친 표현을 은유나 상징으로 희석하려 애씁니다. 심지어 최신 번역본인 새한글성경조차 데살로니가전서 1:10에 나오는 하나님의 "진노"에 대해 "심판을 내리고자 하시는 하나님의 의지를 뜻한다"라고 난외 설명을 덧붙여, '감정'이라는 말이 주는 거부감을 피하려는 조심스러움을 내비칩니다.

그러나 바울이 전한 복음의 심장부에 이 단어가 놓여 있다는 사실은 부정할 수 없습니다. 현존하는 가장 오래된 그리스도교 문서인 데살로니가전서는 예수를 "다가올 진노에서 우리를 건져 주실" 분으로 소개합니다.살전 1:10 또한 로마서의 장대한 신학적 서두1:18는 "하나님의 분노가 하늘로부터 나타납니다"라는 선언으로 시작됩니다. 바울에게 하나님의 분노는 복음 이해의 핵심 요소였습니다.

문제의 본질은 우리가 '분노'라는 단어를 접할 때 자동적으로 현대적 의미를 투사한다는 데 있습니다. 마치 고대인과 현대인이 동일한 감정을 느꼈을 것이며, 그 감정에 꼭 맞는 단어를 사용했을 것이라고 무심코 전제하는 것입니다. 그러나 최근 수십 년간 고전학과 감정사 연구가 밝혀낸 성과는 이러한 가정에 심각한 의문을 제기합니다.

지난 40년간 서구 학계에서는 감정을 바라보는 관점의 근본적인 전환이 있었습니다. 과거에는 감정을 시공간을 초월한 생물학적 본능으로 간주했으나, 이제 학계는 감정을 특정 문화와 사회 구조 속에서 구성되는 인지적 판단이자 사회적 행동으로 재정의합니다.9 고대 그리스인의 감정을 집중적으로 연구한 중요한 학자도 이 점을 명확히 합니다. 그에 따르면 고대 그리스에서 감정은 "구체적인 사회적 관계" 내에서 주고받는 "인지적 판단"에 달려 있었습니다.10 '명예와 수치'가 개인 및 집단의 정서와 행동을 좌우하는 고대 사회에서는 늘 타인을 평가하고 판단하는 일이 일상이었습니다.

고대 그리스의 스토아 학파나 아리스토텔레스 학파는 감정을 근본적으로 '판단' 혹은 '의견'으로 보았습니다. 누군가의 모욕에 분노하는 것은 '저 모욕이 나에게 해롭다'는 판단과 '보복하는 것이 마땅하다'는 판단이 결합된 결과입니다. 따라서 이 판단은 이성적으로 수정할 여지가 있습니다. 자신에게 해로울 정도의 분노도 이성적으로 '치유'할 수 있다고 이 철학자들은 생각했습니다.[11]

오르게: 훼손된 명예를 위한 정당한 청구서

그리스-로마 시대의 사람들에게 감정은 사회적 명예 및 지위와 관련해 주고받는 판단에 걸려 있는 사안이었으므로, 그들은 합리적 설득을 통해 감정을 바꿀 수 있다고 믿었습니다. 그래서 당시 엘리트층은 사회적 필수 덕목인 '설득의 기술'을 익히기 위해 수사학 연마에 매진했습니다. 아리스토텔레스의 『수사학』이라는 작품에 대해 들어 본 적이 있을 것입니다. 놀랍게도 이 책에는 마치 현대 심리학 개론서처럼 다양한 감정의 분류와 정의가 세세하게 들어 있습니다. 설득을 위해서 인간 이해가 필수적이었고 따라서 감정에 대한 이해도 중요했기 때문이지요. 그렇다면 지금 우리의 관심사인 '분노'를 아리스토텔레스는 뭐라고 정의했을까요? 늘 무언가를 정의^{definition}하기 좋아하는 그는, 『수사학』 제2권 2장 첫머리에서 분노(ὀργή, 오르게)를 다음과 같이 정교하게 정의합니다.

> 분노란 자신이나 자신과 가까운 이들에게 정당한 이유
> 없이 가해진 명백한 경시(ὀλιγωρία)에 대해 표면적으로
> 보복(τιμωρία)하고자 하는 욕망으로서, 괴로움(λύπη)을
> 수반하는 것이다.[12]

이 정의에서 결정적인 지점은 분노가 사회적 지위와 명예에 연동된 '사회적 정서'라는 사실입니다. 분노는 아무 때나 발생하지 않습니다. 내가 동등하거나 열등하다고 여기는 사람, 곧 나를 경시할 '권리가 없는' 사람이 나를 경시할 때 비로소 발생합니다. 따라서 내가 인정하는 상급자에게서 받는 정당한 꾸짖음은 고통스러울지언정 일반적으로 분노를 유발하지는 않습니다.[13]

그러므로 아리스토텔레스의 분노 이해에서 핵심 개념은 '경시'(ὀλιγωρία, 올리고리아)입니다. 어원적으로 '작게 여기다'라는 뜻을 지닌 이 단어는 누군가를 실제 가치보다 낮게 평가하는 '얕봄'을 의미합니다. 아리스토텔레스는 경시를 세 가지 유형으로 분류하는데, 멸시(καταφρόνησις), 악의(ἐπηρεασμός), 그리고 모욕(ὕβρις)입니다. 특히 가장 심각한 형태인 모욕에 대한 설명은 주목할 만합니다. 모욕은 어떤 이득을 얻기 위해서가 아니라, 단지 상대에게 수치심을 줌으로써 쾌락을 느끼는 행위입니다. 아리스토텔레스는 "모욕하는 자들은 자신이 모욕함으로써 상대보다 더 우월해진다고 생각한다"고 지적합니다.[14] 즉 모욕의 본질은 단순한 가해가 아니라, 상대를 깎아내림으로써 자신의 우월성을 확인하려는 권력 과시입니다.

명예가 곧 자본인 고대 사회에서 경시는 내가 가진 '자본'을 심각하게 훼손했습니다. 따라서 분노는 깎여 나간 명예를 회복하기 위한 청구서와 같습니다. '보복'(τιμωρία)의 어원이 '명예'(τιμή)와 연결된 것은 우연이 아닙니다. 보복은 폭력이 아니라 '명예의 재조정' 과정입니다. 상대가 잘못을 인정하거나 상응하는 대가를 치러 내 명예가 회복될 때 분노는 해소됩니다. 이러한 분노의 사회적 기능을 보여주는 흥미로운 증거가 바로 저주 납판(*defixio*, 납으로 만든 아주 얇은 판에 저주 문구를 새겨 넣은 것)입니다. 학자들은 이 중 일부를 일반적인 흑마술 저주와 구별하여 "사법적으로 청원하는 기도"judicial prayers라고 부릅니다.[15] 물건을 도둑맞거나 모욕당한 피해자가 신을 재판관으로 초청하여 억울함을 호소하는 이 납판은, 분노가 은밀한 복수심이 아니라 신의 능력을 빌려 훼손된 명예와 정의를 공적으로 회복하려는 사회적 행위였음을 보여줍니다.[16]

분노와 증오 사이: 관계를 포기하지 않는 자의 고통

고대 사회에서 분노를 어떻게 이해했는지 더 깊이 알려면, 앞의 글에서 이미 살펴본 대로 아리스토텔레스가 제시한 분노(ὀργή) 와 증오(μῖσος)의 명확한 차이에 주목할 필요가 있습니다.

> 분노는 고통을 동반하지만, 증오는 그렇지 않다. 분노하는
> 사람은 고통을 느끼지만, 미워하는 사람은 고통을 느끼지
> 않는다.……분노는 상대방이 고통을 느끼기를 바라지만,
> 증오는 상대방이 아예 존재하지 않기를 바란다.[17]

이 구분은 신학적 문서를 해석할 때 도움을 줍니다. 분노는 본질적으로 관계적입니다. 분노하는 자는 상대와의 관계 속에서 고통받으며, 상대가 잘못을 깨닫고 변화되어 관계가 회복되기를(명예가 복구되기를) 원합니다. 그러나 증오는 '존재론적 거부'입니다. 증오하는 자는 고통을 느끼지 않으며, 냉담하고 잔인하게도 상대의 소멸을 바랍니다. 증오는 치유 불가능합니다.

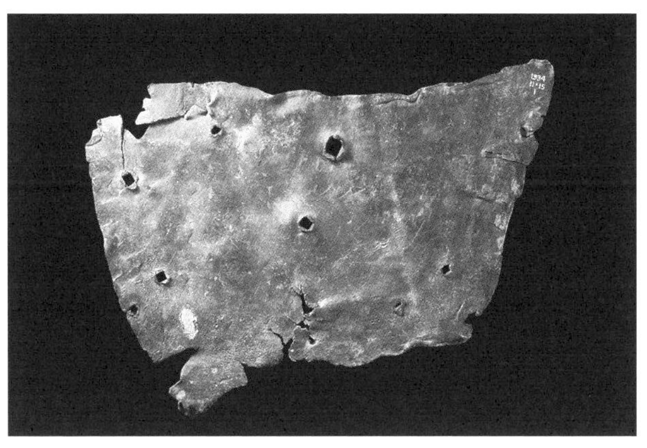

저주 납판. 자신의 억울함을 신에게 호소하기 위해 저주와
청원 내용을 새긴 사법적 기도문(기원후 2-3세기, 로마 브리타니아)
The British Museum, Wikimedia Commons

아리스토텔레스의 철학적 논의가 바울의 언어를 이해하는 것과
무슨 관계가 있는지 의문을 가진 독자가 있을 수도 있겠습니다.
하지만 바울이 헬라어를 사용하는, 그리스-로마 문화에 젖어 사
는 이방인들을 상대로 주로 편지를 썼다는 사실을 잊지 않는 것
이 중요합니다. 바울은 헬레니즘 문화 속의 이방인들에게 적확
하고 적절한 메시지를 전달하고자 당시 가용한 문화적 자원을
총동원하며 애를 썼습니다.

이제 오르게가 명예 및 지위와 관련된 사회적 관계에서 비
롯되며, 오르게를 느끼는 당사자는 괴로움을 겪는다는 사실을
기억하고 로마서 1:18을 다시 읽어 보겠습니다.

하나님의 노하심(오르게)이 불의한 일로 진리를 억누르는
사람들의 모든 불경건과 불의에 대해 하늘로부터
나타납니다. 새한글성경

바울은 이 구절 바로 뒤에서 인간이 "하나님을 알면서도 하나님을 하나님으로 높여 영광을 돌리지도 않았고, 감사를 드리지도 않았습니다"롬 1:21라고 고발합니다. 이것은 아리스토텔레스가 말한 '경시'의 전형입니다. 인간은 창조주 하나님의 지위와 명예를 얕보았습니다. 피조물이 창조주를 향해 자신의 우월함을 과시하려는 모욕을 저지른 것입니다. 하나님은 이 경시를 인지하셨고, 그로 인해 고통스러워하며 자신의 훼손된 명예에 대해 의지적으로 반응하십니다. 하나님의 분노는 단순한 감정 폭발이 아니라, 도덕적 질서 안에서 작동하는 하나님의 정당한 판단이자 '행동'입니다. [18]

여기서 결정적인 복음의 역설이 드러납니다. 하나님은 분노함으로써 고통을 느끼십니다. 그러나 분노를 가질지언정 미움까지 가지지 않습니다. 아예 인간이 존재하지 않기를 바라지는 않는다는 말입니다. 만약 하나님이 인간을 증오($\mu\tilde{\iota}\sigma\sigma\varsigma$)했다면, 그분은 인간의 멸절을 바라셨을 것이며 구원의 드라마는 시작조차 되지 않았을 것입니다. 하나님은 인간과의 관계를 포기하지 않으셨습니다. 그분은 인간의 불의로 인해 지금도 고통받고 계시면서도 인간을 살릴 마음을 저버리지 않으십니다. 데살로니가전서 1:10도 같은 맥락으로 이해할 수 있습니다. "또 하늘로부터 오실 하나님의 아들을 기다리게 되었는지에 대해서도요. 하나님이 죽은 사람들 가운데서 일으켜 살리신 그 아들, 곧 닥쳐올 진노(오르게)에서 우리를 건져 주실 예수님을 말입니다."
새한글성경

따라서 우리는 하나님의 사랑에 대해 말하는 만큼 하나님의 분노에 대해서도 말해야 합니다. 바울의 복음 선포의 핵심 요소셨기 때문입니다. 바울이 말하는 하나님의 분노는 하나님의 내면에서 발생하는 격한 감정이 아니라, 하나님의 명예와 지위가 인간과의 '사회적 관계' 안에서 경시되었다는 하나님의 인지적 판단에 더 가깝습니다. 그렇기에 하나님의 분노는 하나님의 심판이라는 개념과 연결이 되어 있습니다.

우리가 흔히 말하는 '하나님과의 인격적 관계'에는 이런 무거운 측면이 들어 있다는 점, 잊지 말아야겠습니다. 하나님의 지위와 명예, 하나님의 판단, 하나님의 고통에 대해 더 민감해지는 것이 하나님과의 인격적 관계에 핵심으로 들어가야 할 요소가 아닐까요?

하나님과
예수의
'감정'

스플랑크니조마이 σπλαγχνίζομαι

애끊는 자비

그리스-로마 시대의 학식 있는 계층이나 권력 있는 계층 사이에서는 자신의 감정을 잘 조절하고 통제하는 사람이 이상적으로 여겨졌습니다. 감정의 동요가 없는 것을 훌륭한 사람의 으뜸가는 자질이라고 생각했습니다. 그런데 복음서에 묘사된 예수는 때때로 직설적으로 감정을 표출하는 분입니다. 가슴 아파하시고, 화도 내시고, 울기도 하십니다. 마가복음의 오병이어[막 6:34]와 칠병이어[막 8:2] 이야기는 이 점을 가장 인상적으로 보여줍니다. 두 본문 모두에서 예수는 무리를 보시고 '에스플랑크니스테'(ἐσπλαγχνίσθη) 혹은 '스플랑크니조마이 에피 톤 오클론'(σπλαγχνίζομαι ἐπὶ τὸν ὄχλον)이라고 말씀하십니다. 동사 스플랑크니조마이(σπλαγχνίζομαι)는 문자 그대로 옮기면 '내장이 뒤틀리듯 움직이다'라는 뜻으로, 예수의 연민이 단순한 감정의 동요가 아니라 존재 전체를 휘어잡는 격렬한 정서임을 드러냅니다.[19] 이 동사에 대해 자세히 알아보겠습니다.

어휘의 확장: 제의 용어에서 하나님의 속성으로

스플랑크니조마이는 명사 스플랑크논(σπλάγχνον)에서 파생된 동사로, 본래는 제사에서 구분하던 짐승의 '내장', 특히 심장이나 간, 폐, 콩팥 같은 고귀한 부위를 가리키는 말에서 기원했습니다.[20] 이 장기들은 제사의 첫 부분에서 먹는 특별한 몫이었고, 여기서 더 나아가 인간의 '속살 깊은 부분', 곧 눈에 보이지 않는 내면 전체를 가리키는 말로 확장되었습니다.[21]

고전 그리스 문학에서 스플랑크나(σπλάγχνα)는 분노, 불안, 욕망, 사랑과 같은 '충동적 정념'이 위치한 자리로 자주 등장합니다. 예를 들어 희극과 비극에서는 스플랑크나 테르메나이 코토이(σπλάγχνα θερμῆναι κότῳ, 분노로 내장이 달아오르다), 스플랑크나 데 무 켈라이누타이(σπλάγχνα δέ μου κελαινοῦται, 근심으로 내장이 검게 타들어 가다)와 같은 표현이 사용되는데, 이는 인간 감정을 머리가 아니라 배와 가슴 깊숙한 곳의 신체감으로 느꼈던 고대인의 정서 이해를 반영합니다.[22] 그러니까 스플랑크니조마이는 뱃속 깊은 곳, 내장 기관이 흔들릴 만큼 깊고 강렬한 감정과 관련 있습니다. 다만 이 시기 헬라어에서 스플랑크나는 아직 '자비' 자체를 뜻하지 않았으며, 스플랑크니조마이도 세속 용례에서는 거의 쓰이지 않았던 희귀한 동사라는 점은 분명한 것 같습니다.[23]

제2성전기 유대 문헌에서 이 단어들은 큰 의미 변화를 겪습니다. 칠십인역에 스플랑크나와 스플랑크니조마이는 자주 나오지는 않지만, 잠언 17:5(ὁ δὲ ἐπισπλαγχνιζόμενος, 호 데 에피스플랑크니조메노스)처럼 스플랑크니조마이가 처음으로 '자비를 베풀다'라는 뜻으로 사용되는 예가 등장합니다.[24] 결정적 전환은

「열두 족장의 유언」으로 불리는 문서에서 볼 수 있는데, 이 중에서 특히 "스불론의 유언"은 스플랑크나를 자비의 의미로 집중적으로 사용합니다. 여기서 스플랑크나는 '사람의 깊은 내면'이자 '자비가 위치한 자리'를 뜻하며, "너희 속 깊은 곳에 자비를 간직하라", "자비의 내장들"(σπλάγχνα ἐλέους)과 같은 표현이 등장합니다.[25] 무엇보다 이 문서에서 스플랑크나가 처음으로 하나님의 속성을 가리키는 말로 사용된다는 점이 눈에 띕니다. 예를 들어, 다음과 같이 종말론적 자비를 묘사하는 구절이 나옵니다. "마지막 날에 하나님이 자기의 스플랑크나를 땅 위에 보내실 것이다."[26]

뱃속 깊은 곳에서 시작된 기적

신약성서에서 동사 스플랑크니조마이는 공관복음서에만 등장합니다. 영어 성서는 이 말을 다소 밋밋하게 번역합니다. 대개 '연민을 느끼다', '가련히 여기다'라는 의미의 feel pity나 take pity 등으로 번역하지요. 하지만 이 단어가 흔하게 사용되지 않았다는 점을 고려하고, 또한 명사 스플랑크논에서 유래했다는 점에 집중하면 우리말로 좀 더 나은 번역어를 찾을 수 있겠다는 생각이 듭니다. 저는 '애끊다'나 '애타다'라는 단어가 제일 먼저 떠오릅니다. 그 이유를 설명드리지요.

국립국어원 표준국어대사전은 '애끊다'를 '몹시 슬퍼서 창자가 끊어질 듯하다'라고 정의합니다. 뱃속 깊은 곳에 무슨 일이 생긴 것 같은 강렬하고 날카로운 느낌이라는 점에서 스플랑크니조마이와 공명한다고 볼 수 있습니다. '애타다', '애달프다' 혹은 '애간장을 녹이다' 등의 단어들도 유사할 것입니다.

예수의 비유 속에서 스플랑크니조마이는 탕자의 아버지,^{눅 15:20} 선한 사마리아인,^{눅 10:33} 일만 달란트를 탕감받은 종의 주인^{마 18:27}처럼 인물의 깊은 정서와 행동을 묘사하는 데 쓰입니다. 마가복음에서 이 동사는 특히 중요합니다. 6:34에는 이런 내용이 나옵니다. "예수님은 배에서 내려 큰 무리를 보시고 그들 때문에 가슴이 아프셨다. 그들이 목자 없는 양과 같아서였다."^{새한글성경} 주동사를 좀 밋밋하게 번역했습니다. 예수께서 "목자 없는 양 같은" 무리^{막 6:34}와 "사흘이나 굶주린" 무리^{막 8:2}에게 느낀 감정을 단지 '연민'^{pity}으로 보는 것은 헬라어 원문이 표현하고자 하는 바를 온전히 담지 못합니다. 예수께서 기적을 행하신 동기는 뱃속 깊숙이 날카롭게 느껴진 안타까움(애달프다)과 슬픔(애끓다), 초조함(애타다), 동정심, 쓰라림이었습니다. 뉘앙스를 살려서 이 구절을 다시 읽으면, 예수께서는 사람들이 "목자 없는 양과 같이" 방황하는 모습을 보시고 내장이 뒤틀리듯 아파하십니다.²⁷ 8:2에서는 그분 스스로 '스플랑크니조마이 에피 톤 오클론'(σπλαγχνίζομαι ἐπὶ τὸν ὄχλον)이라고 말씀하시며, 사흘 동안 함께 있으면서도 아무것도 먹지 못한 무리의 처지를 깊이 걱정하십니다. 그분은 내장이 뒤틀리는 듯한 감정을 표현하며 (유대 문헌의 용례에 비추어 보면) 자비심을 드러내십니다.

사랑의 지표

새한글성경은 누가복음 1:78을 "한결같은 사랑을 베푸시는 우리 하나님의 애타는 마음 때문이지"(διὰ σπλάγχνα ἐλέους θεοῦ ἡμῶν)라고 잘 번역했습니다. 요한1서 3:17은 스플랑크나를 닫아 버리는 행위를 비판합니다. "어떤 사람이 세상에서 먹고살 만한 재물을 가지고 있는데, 자기 형제자매에게 도움이 필요한 것을 보면서도 그를 가엾게 여기는 마음을 스스로 닫아 버린다면, 그 사람 안에 어떻게 하나님의 사랑이 머물 수 있겠습니까?"[새한글성경] 이 구절은 가난한 형제를 보고 연민/자비/내면(스플랑크나)을 닫아 버리는 행위를, 하나님의 사랑이 그 사람 안에 거하는지 여부를 판단하는 구체적이고 실질적인 윤리적 시험대로 제시합니다.[28]

마치 온도계가 방의 온도를 측정하듯이, 요한1서 3:17이 말하는 "정情과 의지가 자리한 내면의 중심부(스플랑크나)를 닫는 행위"에 대한 비판은 그 사람이 하나님의 사랑(ἀγάπη)이라는 열원熱源을 실제로 품고 있는지 드러내는 확실한 지표가 됩니다. 사랑의 실천이라는 '열린 행동'만이 내부의 열, 곧 하나님의 사랑을 입증할 수 있습니다. 더욱이 이 구절에서 재정적 지원을 통한 구체적인 사랑의 실천을 말하고 있다는 점도 우리에게 큰 울림과 가르침을 줍니다.

요약하면 스플랑크니조마이와 스플랑크나는 고대 그리스 제사에서 제물의 내장을 가리키는 용어로 출발해, 후기 유대 문헌과 신약성서에 이르러 '하나님의 애끓는 자비'를 표현하는 말로 변모한 어휘입니다. 마가복음에서 예수께서 무리를 보시고 불쌍히 여기셨다(ἐσπλαγχνίσθη, 에스플랑크니스테)는 것은, 단순히 '마음이 움직인' 정도가 아니라 하나님 자신이 그들을 향해 내장 깊이 흔들리신다는 고백을 서술적으로 옮긴 것이라 할 수 있습니다.[29]

이 어휘군을 천천히 곱씹는 일은, 고대 언어 연구를 넘어 오늘날 우리의 신학과 영성에서 몸으로 느끼는 자비, 구체적 행동으로 구현되는 긍휼의 의미를 다시 묻는 일이기도 합니다.

　　예수의 사랑에 대해 자주 이야기하면서도 그의 사랑이 너무 추상적이고 멀리 떨어진 것처럼 느껴질 때가 있다면, '애타다', '애달프다' 혹은 '애간장을 녹이다' 등으로 옮길 수 있는 스플랑크니조마이를 떠올려 보십시오.

하나님과
예수의
'감정'

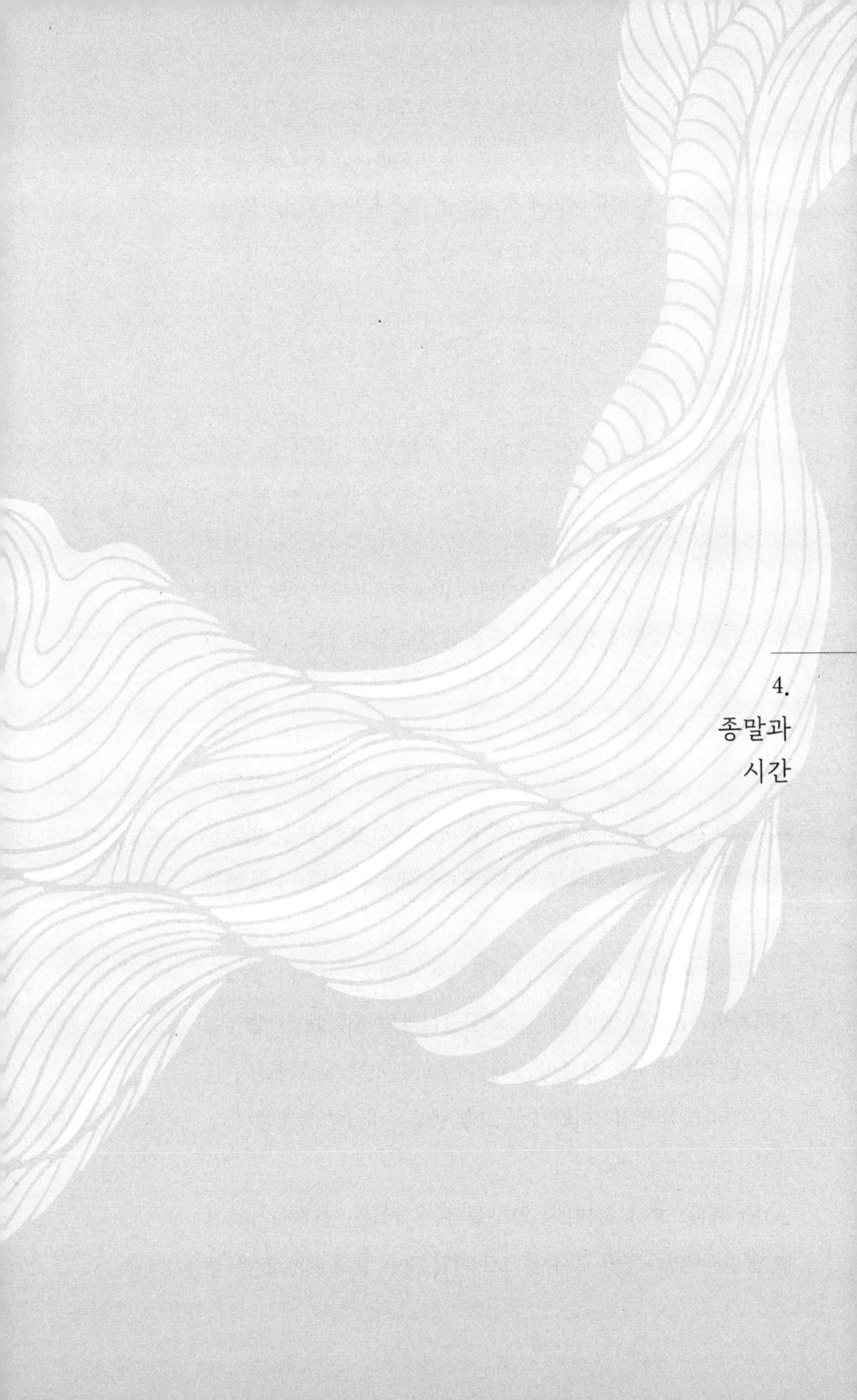

4.
종말과
시간

십자가에 달려 계신 자Χριστὸς ἐσταυρωμένος

결코 멈추지 않는 완료 분사

헬라어 문법은 많은 신학생들에게 두려움의 대상입니다. 신학교 교과 과정 전체에서 가장 난해한 과목으로 꼽히지요. 그러나 그 고통에는 보상이 따릅니다. 번역된 성서만으로는 결코 포착할 수 없는 미묘한 뉘앙스를 읽어 내는 능력이 생기기 때문입니다. 그 한 예를 보여드리겠습니다. 다소 복잡한 문법 용어가 나오더라도 주눅 들지 말고 그대로 읽어 내려가시기 바랍니다. 정말 중요한 내용은 뒷부분에 있는 본문 해석에서 드러나니, 그때 집중하면 됩니다.

고대 헬라어의 동사는 영어의 동사처럼 여러 가지 형태로 변화하며 사용되었습니다. 하지만 영어와는 중요한 차이가 있습니다. 영어에서는 동사의 형태만 보고도 시제가 과거인지 현재인지 미래인지 알 수 있지만, 고대 헬라어에서는 특정한 경우에만 그것이 가능했습니다.

구체적으로 말하면, 헬라어 동사는 사실을 진술하는 직설법indicative mood이라는 특정한 형태로 쓰일 때만 절대 시제absolute tense

를 명확히 나타냅니다.[1] 절대 시제란 저자/화자의 발화 시점을 기준으로 한 과거, 현재, 미래를 의미합니다. 반면에 직설법 이외의 다른 형태의 동사(예를 들어 명령법)와 부정사infinitive 및 분사participle는, 설령 '현재 분사', '부정과거 부정사'처럼 시간을 표현할 것 같은 이름이 붙어도 본래 절대적인 시간을 나타내지 않습니다.[2] 무슨 말일까요?

예를 들어 보겠습니다. 헬라어에서는 직설법이 아닌 경우, 현재 어간present stem으로 만들어진 분사나 부정사가 실제로는 과거의 일을 표현할 수도 있고 미래의 일을 표현할 수도 있습니다. 마찬가지로 부정과거 어간aorist stem으로 만들어진 분사나 부정사도 과거, 현재, 미래 중 어느 시점의 일이든 가리킬 수 있습니다.[3] 왜냐하면 비직설법 형태의 동사들은 절대적인 시간이 아니라 동사의 상,相 곧 동사상aspect이라는 것만을 표현하기 때문입니다.

이 동사상을 이해하는 것이 이번 장의 핵심입니다. 동사상은, 저자/화자가 자신의 관점에서 어떤 동작이나 상태를 어떻게 바라보고 표현하는지와 관련이 있습니다.[4] 즉 동작을 완결된 전체로 보는지,완료상, perfective aspect 아니면 진행 중이거나 반복되는 과정으로 보는지미완료상, imperfective aspect를 나타냅니다.[5] 중요한 점은 동사상이 화자가 그 동작을 어떻게 제시하고 싶은지에 대한 주관적 선택이라는 것입니다. 똑같은 사건이라도 화자가 어느 측면을 강조하고 싶은지에 따라 다른 상을 사용할 수 있습니다.

정리하면, 고대 헬라어 동사 체계에서는 직설법만이 동사상과 더불어 절대 시제(과거, 현재, 미래)까지 표현할 수 있습니다.[6] 다른 모든 동사 형태는 절대적 시간과 무관하게 오직 동작이나 사건이 완료상인지 미완료상인지만을 나타냅니다.

이제 좀 더 이 글의 핵심으로 들어가겠습니다. 고대 헬라어에는 완료 분사perfect participle라는 특별한 형태가 있습니다. 이 분사는 완료 직설법과 마찬가지로 과거에 일어난 어떤 행위나 사건의 결과가 계속되고 있을 때 사용합니다.[7] 동사상의 개념으로 말하면, 완료 분사는 어떤 행위의 결과를 강조하는 결과상resultative aspect을 표현합니다. 대부분의 경우, 완료 분사는 주문장의 동사가 가리키는 시점에 이미 완결된 행위의 결과가 계속되고 있는 상태를 나타냅니다.[8] 헬라어로 "문을 열어 놓은 채 그가 들어왔다"라는 문장이 있다고 생각하면, '문을 열어 놓은'이 완료 분사에 해당합니다. 즉 과거 어느 시점에 문을 열었고, '그가 들어오는' 시점에도 여전히 그 문이 열린 상태로 있다는 의미를 담고 있습니다.

완료 분사의 신학적 의미

신약성서를 헬라어로 읽다 보면 완료 분사 중에 유난히 눈길이 가는 것이 있습니다. 바울이 자주 사용한 "십자가 처형을 당한 그리스도"(Χριστὸς ἐσταυρωμένος)라는 문구입니다. ἐσταυρωμένος(에스타우로메노스)는 '십자가 처형을 집행하다'라는 뜻의 동사 σταυρόω(스타우로오)의 완료 수동태 분사입니다.

십자가라는 단어는 너무 자주 듣고 말한 탓에 그리스도인들의 마음에 그저 겉돌기만 할 때가 많습니다. 앞서 설명한 헬라어 문법의 간단한 지식은 십자가에 대한 상투적 감상이나 무덤덤함을 깨뜨리는 데 도움을 줍니다. 고린도전서의 두 구절을 자세히 보겠습니다.

우리는 십자가에 못 박힌 그리스도(Χριστὸν ἐσταυρωμένον)를 전하니 유대인에게는 거리끼는 것이요 이방인에게는 미련한 것이로되.^{고전 1:23}

내가 너희 중에서 예수 그리스도와 그가 십자가에 못 박히신 것(τοῦτον ἐσταυρωμένον) 외에는 아무것도 알지 아니하기로 작정하였음이라.^{고전 2:2}

고린도전서 1:23에서 바울은 자신이 선포하는 핵심 내용이 십자가에 처형당한 그리스도(Χριστὸς ἐσταυρωμένος)라는 점을 분명히 합니다. 그리고 그가 복음의 핵심으로 여기는 바는 "예수 그리스도와 그가 십자가에 못 박히신 것"(τοῦτον ἐσταυρωμένον)입니다.^{고전 2:2} 그런데 바울이 여기서 완료 수동태 분사를 사용한 이유는 무엇일까요? 이제 독자 여러분은 아실 것입니다. 완료 분사는 과거에 완결된 행위의 결과가 현재까지 계속되고 있는 상태를 표현한다는 사실을요. 즉 에스타우로메노스(ἐσταυρωμένος)는, 예수께서 십자가 처형을 당했고 그 사건의 결과와 의미가 지금도 유효하며 영향을 끼친다는 점을 표현합니다. 어찌 보면 크게 인상적이지 않은 '뉘앙스'일 것 같지만 좀 더 파고 들어가면 심오한 내용에 다다릅니다.

첫째, 바울 당시 그리스 전통에는 타인이나 조국, 대의를 위해 죽는 것을 높이 사는 문화가 있었습니다. 그런데 그런 고귀한 죽음과 예수의 죽음 사이의 결정적 차이는, 예수의 죽음의 '효력'이 시간과 공간을 초월해 영향을 미친다는 점입니다. 이 측면을 정확하게 짚은 학자의 글을 인용합니다.⁹

신약성서의 주변 세계에서는 타인을 위해 자신의 생명을 자발적으로 내어 주는 행위가 일종의 영웅적 죽음heroic death으로 여겨졌다.……이런 죽음은 당사자가 자발적으로 감수하는 죽음이며, 명예롭고 영광스러운 것으로 간주된다는 점에서 일관된 특징을 보인다.……그 경우, 한 개인이나 희생 제물의 죽음에서 비롯되는 타인을 위한 구원적 효력salvific effect은 언제나 공시적으로synchronically만 유효하다. 그 효력은 항상 동시대인에게만 미친다. 인간의 죽음이나 희생 제물이 지닌 구원의 효력이 후대에 태어난 이들에게까지 확장된다는 개념은, 바울이 자신의 시대적 환경에서 접할 수 있었던 구원적 죽음 개념들과는 완전히 이질적이다. 바울에게 와서 이런 시간적 한계temporal limitation가 돌파되었다는 점은 명백하다. 바울 신학에서는, 그리스도가 그들을 위해 죽었을 때 아직 태어나지도 않았던 사람들에게까지 구원적 효력이 미치는 것이 자명하기 때문이다.

둘째, 우리는 보통 신자와 그리스도 사이의 연합("그리스도 안에 있음", "그리스도에게 참여함")을 말하는데, 그 연합이란 그리스도와 함께 십자가 처형을 당한 상태의 지속 혹은 결과를 포함한다는 점을 잊지 말아야 합니다. 갈라디아서 2:19-20을 자세히 보겠습니다.

나는, 율법과의 관계에 대해서는 율법을 통해 죽었습니다. 그것은 하나님을 위해 살기 위해서였습니다. 나는 그리스도와 함께 십자가에 못 박혀 매달렸습니다(Χριστῷ *συνεσταύρωμαι).* 이제 더는 내가 살고 있는 것이 아니라, 그리스도께서 내 안에서 살고 계십니다. 이제 내가 육신 안에서 사는 삶은 믿음 안에서 살고 있는 것입니다. 하나님의 아들, 곧 나를 사랑하시고 나를 위해서 자신을 넘겨주신 분을 믿는 믿음 안에서요. ^{새한글성경}

"나는 그리스도와 함께 십자가에 못 박혀 매달렸습니다"(*Χριστῷ συνεσταύρωμαι*)라고 말할 때, 바울은 완료 수동태 동사를 사용합니다. 동사상을 살려서 풀어 번역하면 이렇습니다. "나는 그리스도와 함께 십자가에 처형되었고 그 결과가 지금도 계속되고 있습니다." 심지어 이러한 번역도 문법적으로 가능합니다. "나는 그리스도와 함께 십자가 처형을 당해 지금도 십자가에 처형당한 상태로 매달려 있습니다." 최근 한 주석가는 이를 다음과 같이 표현했습니다. "바울은 그리스도와 함께 십자가에 못 박힌 것이 과거의 사건을 가리킨다고 말하는데, 그에게 '그리스도와 함께 십자가에 처형됨'은 현재까지 계속되는 상태를 가리킨다."[10] 즉 우리 믿는 자들은 "그리스도와 함께 십자가 처형을 당해 죽은 상태"에 있는 것입니다. 그렇게 처형당한 우리의 옛 자아는 계속 죽은 상태로 있어서 이제는 죄의 종으로 살지 않을 수 있습니다. ^{롬 6:6 참고}

수치의 영광

십자가형을 생각할 때 우리는 무엇보다 극심한 고통을 떠올립니다. 그런데 놓치지 말아야 할 점은 십자가형이 범죄자를 극도로 수치스럽게 만드는 형벌이라는 사실입니다. 사형수는 십자가에 매달리기 전에 이미 쇼크사를 일으킬 정도로 극심한 채찍질을 당하고, 이어서 벌거벗은 채로 십자가에 못 박히거나 끈으로 묶입니다. 우리에게 익숙한 성화들은 예외 없이 예수의 몸에 작은 천을 두르지만, 실제로는 그렇지 않았습니다. 인간의 존엄성이 철저히 짓밟힌 채 십자가에 매달린 사형수는 며칠 동안 호흡 곤란과 파상풍으로 서서히 죽어 가고, 그 시신은 들짐승의 밥이 됩니다. 예수 시대의 로마 제국은 명예를 최고의 가치로 여겼기에 수치를 가장 두려워했습니다. 십자가 사건은 바로 이 수치의 절정에서 가장 영광스러운 하나님이 자신을 계시하신 역설적 사건입니다. 하나님은 극도로 수치스럽고 공포스러운 십자가 죽음 가운데서 인류에게 영원한 영향을 미치는 결정적인 구원 행동을 하며 자신을 드러내셨습니다. 초기 그리스도인들은 당시 사람들이 입에 올리기조차 꺼리던 십자가형을 조금도 부끄러워하지 않고 담대히 선포한 기이한 자들이었습니다.

내 안에 사시는 그리스도는 "부활하셨지만 기이하게도 여전히 십자가 죽음을 머금은 채로 계신 분"입니다. 그렇기에 십자가에 처형당한 그리스도를 안에 품고 있는 우리의 삶("내 안에 계신 그리스도")도 십자가 형태로 빚어질 수밖에 없습니다.[11] 하나님의 뜻에 따라 자기를 비워 죽기까지 순종하는 삶, 하나님과 인간에 대한 사랑으로 이루어진 삶이 바로 십자가 형태의 삶입니다. 우리의 몸과 일상의 모든 틈에까지 십자가가 스며들어 있습니다. 제 선생님들 중 한 분은 바울이 자신의 몸을 예수의 고난과 부활이라는 전체 서사를 전시하는, 마치 "아이맥스 스크린"처럼 표현했다고 말한 적이 있습니다.[고후 4:10][12] 이 점을 종종 잊을 때가 있지요. 그때야말로 바울의 일갈을 떠올릴 때

입니다.^{갈 3:1}

어리석도다. 갈라디아 사람들아, 예수 그리스도께서
십자가에 못 박히신 것(ἐσταυρωμένος)이 너희 눈 앞에 밝히
보이거늘 누가 너희를 꾀더냐.

희망 ἐλπίς

희망의 모습으로 존재하는 구원

낯선 구원 선포

성서를 읽다 보면 때때로 그동안 배운 교리와 잘 맞지 않는 듯한 구절을 만나게 됩니다. 이런 경우 우리는 흔히 그 구절을 단순한 은유적 표현이나 교리의 본질과는 무관한 지엽적인 표현으로 간주하고, 더 깊이 고민하지 않은 채 지나치곤 합니다. 그러나 이때 한 걸음 더 나아가 '왜 이런 구절이 존재하는가' 또는 '이 표현의 진정한 의미는 무엇인가'라는 질문을 던지고 숙고해 보면, 뜻밖의 흥미와 통찰을 얻게 됩니다. 로마서 8:24은 이를 보여주는 주목할 만한 예입니다.

> 우리는 이 희망(ἐλπίς, 엘피스)으로 구원을 받았습니다.
>
> τῇ ἐλπίδι ἐσώθημεν

우리는 "예수 그리스도를 믿음으로써" 구원을 얻는다고 배워 왔기에, 사도 바울이 로마서와 같은 핵심 서신에서 희망이라는 개념을 구원의 근거로 제시했다는 사실은 다소 의아하게 느껴집니다. 더욱이 희망이라는 것이 우리가 구원을 얻는 원인이 되는 것인지, 아니면 희망이라는 상태 안에서 구원이 이루어진다는 의미인지 명확하지 않습니다. 그렇다면 여기서 바울이 말하는 희망이란 정확히 무엇이며, 어떻게 희망으로 인해 구원을 받았다고 선언할 수 있는 것일까요?

여기에 또 하나의 난제가 있습니다. 바울은 일반적으로 '구원받다'라는 동사를 미래형으로 사용하여, 구원을 미래에 완성될 사건으로 묘사합니다. ^{롬 5:9-10; 13:11 등} 그런데 이 본문에는 이례적으로 과거형(헬라어 문법에서는 '부정과거 시제'라고 말합니다. '부정과거'는 aorist의 번역어인데, 사실 정확한 번역은 아닙니다)이 사용됩니다. 헬라어에서 부정과거 시제는 어떤 행위를 하나의 완결된 전체로 제시하는 방식입니다.[13] 마치 사진 한 장을 찍어 그 사진을 보는 것처럼 통째로 표현했다고 보면 됩니다. 다시 말해 '그 일이 일어났다'는 사실 자체만을 진술합니다. 일어난 사건이나 행동이 어떤 과정을 거쳤는지, 얼마나 오래 지속되었는지에 대해서는 언급하지 않습니다.[14] 즉 바울은 구원을 과거의 어느 한 시점에서 이미 완료된 사건으로 이해하고, "우리는 구원받았다"는 완료된 사실을 말하고 있습니다.[15] 미래를 지향하는 '희망'과 과거에 완료된 사건으로서 '구원받았다', 이 두 단어가 한 문장에 들어 있습니다!

따라서 로마서 8:24을 제대로 이해하기 위해서는 다음 두 가지 문제를 명료하게 규명해야 합니다. 첫째, 바울이 살던 시대에 엘피스(라틴어 *spes*)가 정확히 어떤 의미였는지, 그리고 바울은 이 단어를 어떤 의도로 사용했는지 살펴야 합니다. 둘째, 바울이 구원을 과거형으로 표현한 신학적인 이유를 분석해야 합니다.

엘피스의 양가성

엘피스에 관련된 가장 잘 알려진 신화는 판도라의 상자 이야기입니다(원문에 따르면 상자가 아니라 '항아리'가 맞는 표현입니다). 이 이야기는 희망(엘피스)의 모호한 본질에 대한 깊은 성찰을 담고 있습니다. 헤시오도스의 『일과 날』에 따르면, 제우스는 프로메테우스의 불 도둑질에 대한 응징으로 판도라를 창조하고 그녀에게 온갖 악이 담긴 항아리를 주었습니다. 판도라가 항아리를 열자 모든 악이 세상에 퍼졌지만, 유일하게 희망은 안에 갇혀 있었습니다.

여기까지가 우리가 잘 아는 이야기입니다. 그런데 이 신화에 대한 해석이 분분하다는 것을 아시나요? 엘피스가 항아리에 남게 된 것을 어떻게 해석해야 할까요? 항아리는 원래 악으로 가득 찬 것으로 묘사됩니다. 그러니 논리적으로 따지면, 엘피스는 악의 한 종류일 가능성이 있습니다. 항아리 속에 갇힌 희망은 인류에게 주어진 복일까요, 아니면 또 다른 저주일까요?

희망을 복으로 보는 관점에서는 악이 만연하게 된 세상에서 인간이 고난을 견딜 수 있는 유일한 위안이 희망이라고 해석합니다. 반대 입장에서는 희망이 '잘못된 기대'를 불러일으켜 적절한 현실 수용을 방해함으로써 고통을 연장시키는 기만적 요소로 작용한다고 주장합니다. 헤시오도스 자신도 작품 후반부에서 희망을 공허하고 좋지 않은 것으로 묘사하며 이 해석적 긴장을 더욱 심화시킵니다.

굳이 판도라 신화를 꺼내 든 이유가 있습니다. 그리스 시대의 문학과 철학서를 보면, 엘피스는 굉장히 넓은 의미를 포괄하는 단어여서 긍정적 의미와 부정적 의미를 모두 가질 수 있습니다. 다시 말해, (욕망을 기반으로) 미래에 대한 긍정적 기대를 뜻할 때도 있지만 '헛된 기대' 혹은 '실현 불가능한 환상'을 뜻할 때도 있습니다. 특히 당시 철학자들은 이성적 판단에 근거하지 않은 엘피스는 실망스러운 현실로 귀결되거나, 헛된 기대를 심어주어 현실을 제대로 사는 것을 방해하고 게으르게 만든다고 생각했습니다.

플라톤의 대화편 『티마이오스』에서 엘피스에 대한 가장 부정적인 언급을 볼 수 있습니다. 여기서 플라톤은 인간의 창조를 신화적으로 설명하면서, 신이 불멸의 이성적 영혼을 인간의 사멸하는 육체 안에 두고 그 안에 사멸하는 감정과 욕구까지 함께 담았다고 말합니다. 그 결과 인간에게 다음과 같은 문제적 감정들이 생겨났다고 플라톤은 말합니다.

> 첫째로는 나쁜 것의 가장 강력한 미끼인 쾌락, 다음으로는
> 좋은 것을 멀리하는 고통들, 더 나아가 한 쌍의 어리석은
> 조언자인 만용과 두려움, 달래기 힘든 격정 그리고 자칫
> 오도하기 쉬운 엘피스(ἐλπίδα δ' εὐπαράγωγον)가 그것들이죠."[16]

여기서 엘피스라는 단어는 '오도하기 쉬운/현혹시키기 쉬운'(εὐπαράγωγον, 에우파라고곤) 특성을 가진 것으로 묘사됩니다. 이는 합리적 판단을 방해할 수 있는 요소로 희망을 바라보는 관점을 나타냅니다(물론 플라톤은 방대한 저작을 통해 엘피스에 대한 다

양한 견해를 드러내기에 단순화시켜 말하는 것은 조심스럽습니다만, 그리스 문화의 한 특징을 잘 드러낸다고 생각해서 인용합니다).

바울과 더 가까운 시대의 스토아 철학자들 역시 엘피스에 대해 비판적 견해를 가졌습니다. 바울과 동시대를 살았던^{기원전 4년 경-기원후 65년} 스토아 철학자이자 정치가였던 세네카는 비록 라틴어로 글을 썼지만 스토아 전통의 핵심 통찰을 잘 보여줍니다. 그는 스토아 철학자 헤카톤^{Hecato of Rhodes}의 말을 인용하여 이렇게 말합니다. "희망하기를 그친다면, 두려워하는 것도 그칠 것이다."^{『루킬리우스에게 보내는 도덕 편지』, 5.7} 이어서 세네카는 이 역설을 설명합니다. "마치 같은 쇠사슬이 죄수와 그를 감시하는 간수를 함께 묶듯이, 희망(spes)과 두려움은 서로 다른 감정이지만 함께 걸음을 맞춘다. 두려움은 희망을 따라다닌다.······둘 다 공중에 붕 떠 있는 마음 상태이며, 둘 다 미래에 대한 기대로 인한 불안한 마음에서 나온다."^{『루킬리우스에게 보내는 도덕 편지』, 5.7-8[17]} 스토아 철학이 추구하는 진정한 자유와 평정심은 외부 사건에 의존하지 않는 내면의 자율성인데, 희망은 우리를 불확실한 미래에 묶어 둠으로써 이러한 자유를 방해한다는 논리입니다.

지금까지 헬라어 엘피스가 단순히 긍정적 기대라는 의미의 '희망'으로 번역될 수 없는 훨씬 복잡한 개념을 나타낸다는 점을 살펴보았습니다. 그렇다면 로마인들은 이에 대해 어떻게 생각했을까요?

앞서 잠깐 언급했듯이 헬라어 엘피스에 해당하는 라틴어는 스페스(spes)입니다. 그리스인들이 엘피스에 대해 모호하고 양가적인 태도를 취한 것에 비해, 로마인들은 일반적으로 스페스를 꽤 긍정적으로 여겼습니다. 로마 문화는 사회적 응집력과 정치적 정당성을 유지하기 위한 실용적 가치로 스페스라는 개념을 발전시켰습니다. 이를 단적으로 보여주는 예가 스페스 신전과 스페스의 모습이 주조된 주화입니다.

아울루스 아틸리우스 칼라티누스^{Aulus Atilius Calatinus}는 제1차 포에니 전쟁 중 스페스 신전을 서원하고 봉헌했습니다. 엘피스 숭배가 없었던 그리스와는 달리, 스페스에 대한 공공 예배의 존재를 추론하게 해주는 이 신전은 몇 차례의 파괴 후에도 계속 재건되었지요. 이는 로마 종교 의식에서 스페스가 지닌 지속적인 중요성을 보여줍니다. [18]

종말과
시간

클라우디우스 시대의 청동 주화(세스테르티우스)
앞면: 클라우디우스 황제의 초상
뒷면: 꽃을 들고 옷자락을 들어올리며 왼쪽으로 걸어가는 희망의 여신 스페스
Wikimedia Commons

클라우디우스 시대의 청동 주화^{기원후 41-50년경}는 왼손에 꽃을 들고 오른손으로 옷자락을 살짝 들어올리며 걸어가는 스페스 여신을 묘사하고 있는데, 이는 황실의 안녕과 후계 구도의 안정성을 선전하는 강력한 매체였습니다. 그 이후로 수세기 동안 스페스는 꾸준히 로마 주화에 등장하며 제국을 선전하는 기능을

한 것으로 보입니다. 이는 스페스가 단순한 개인의 감정이 아니라 황제(국가)가 보장하는 미래의 안전이라는 '공공의 약속'으로 기능했음을 명확히 보여줍니다.

희망: 구원의 현재적 얼굴

그리스-로마 문화와 상호 작용하며 독특성을 발전시킨 제2성전기 유대교는 희망에 대해 어떤 이해를 가지고 있었을까요? 유대 문헌을 보면 매우 긍정적이고 능동적인 희망 이해가 나타나며, 반제국적 경향도 엿보입니다. 하나님의 약속과 언약에 대한 신뢰를 바탕으로 메시아적 존재 및 종말론적·묵시적 희망을 드러내는 문헌도 남아 있습니다. 대체로 이스라엘의 입장에서 하나님의 공의가 구현되고 신원되는 것에 대한 강조가 눈에 띕니다.

이제 이러한 배경 지식을 바탕으로 로마서 8:24의 첫 문장을 다시 읽겠습니다.

τῇ ἐλπίδι ἐσώθημεν(테 엘피디 에소테멘)

바울은 "우리는 구원받았습니다"(ἐσώθημεν, 에소테멘) 앞에 테 엘피디(τῇ ἐλπίδι), 곧 엘피스에 정관사를 붙인 문구를 특정한 문법 형태로 넣습니다. 이 문법 형태를 '여격'dative이라고 부릅니다. 좀 더 문법 이야기를 할 텐데, 가능한 한 쉽게 설명하겠으니 미리 부담을 느끼지 않으면 좋겠습니다.

헬라어의 '여격'을 이해하려면 먼저 우리말을 떠올리는 것이 도움이 됩니다. 우리말에서는 명사 뒤에 조사를 붙여 그 명사가 문장에서 어떤 역할을 하는지 표시합니다. 예를 들어 '집**에**

가다'의 '~에'는 목적지를, '친구**에게** 주다'의 '~에게'는 받는 사람을, '칼**로** 자르다'의 '~로'는 도구를 나타내지요. 헬라어도 비슷한 방식을 사용하는데, 다만 조사를 따로 붙이는 대신 명사의 형태 자체를 변화시킵니다. 이렇게 변화된 형태들 중 하나가 바로 여격입니다.

한국어 조사는 쓰임새가 비교적 분명합니다. '~로'는 주로 수단이나 도구를, '~에'는 장소나 시간을 가리키지요. 반면에 헬라어 여격은 훨씬 넓은 의미 영역을 포괄합니다. 수단과 도구는 물론 어떤 상황에 놓여 있음을 표현할 수도 있고, 특정한 방식이나 관점을 나타낼 수도 있습니다. 따라서 로마서 8:24의 엘피스가 여격으로 쓰였다는 사실만으로는 그 의미가 자동으로 결정되지 않습니다. 여격을 어떻게 해석하는지에 따라 문장이 전하는 메시지가 달라집니다.

오랫동안 많은 번역본들은 이 여격을 도구instrument로 이해했습니다. "희망으로 인해 구원받았다" 혹은 "희망을 통해 구원받았다"라고 옮긴 것이지요. 마치 희망이 구원을 가져다주는 수단인 것처럼 번역했습니다. 그러나 현대 주석가들은 이 해석을 거의 받아들이지 않습니다.[19] 신약성서 헬라어를 다루는 표준 문법서들은 이 여격이 구원받은 자가 처한 상태를 가리킨다고 봅니다. 희망은 구원을 얻게 하는 도구가 아니라, 이미 구원받은 사람이 지금 살아가고 있는 존재 방식이라는 것입니다.[20]

바울에게 로마서 8:24의 여격을 풀어서 알기 쉽게 설명해 달라고 부탁한다면, 그는 아마 이렇게 말했을 것입니다. "구원은 분명히 일어난 사건입니다. 그러나 우리가 지금 경험하고 살아가는 구원은 눈에 보이는 완결된 현실이 아닙니다. 그것은 아직 보이지 않는 것을 향해 손을 뻗으며 기다리는, 희망이라는 형태로 우리에게 주어져 있습니다." 매우 중요한 로마서 주석을 쓴 어느 학자는 이 내용을 다음과 같이 표현했습니다. "여격 '테 엘피디'(τῇ ἐλπίδι)는……그리스도인과 피조물이 여전히 기다리고 있는 미래의 구원, 곧 '하나님의 자녀들이 나타나는 것'19절이 이미 현재에 현존하는 방식이 다름 아닌 '희망'임을 드러낸다.……그들의 '구원'은 곧 그들에게 희망이 선물로 주어졌다는 데 있다."[21] 조금 다르게 표현하면 "희망이라는 양태 속에서", "희망에 둘러싸여", "희망을 호흡하면서" 우리가 구원을 경험한다는 의미입니다.

이렇게 판단하는 근거는 여럿 있지만 세 가지만 들어 보겠습니다. 첫째, '이미'와 '아직' 사이의 긴장입니다. 로마서 8:18-25에서 바울은 현재의 고난과 미래의 영광을 대조합니다. 피조물은 허무에 굴복한 채 해방을 기다리고,[19-21절] 성도 또한 탄식하며 기다립니다.[23절] 이 흐름 속에서 24절의 "구원받았다"는 선언은 완료된 사건을 가리키지만, 그 구원은 눈에 보이는 완성품으로 주어진 것이 아닙니다.

둘째, 희망의 본질에 대한 설명입니다. 만약 희망이 단지 구원을 얻기 위한 도구라면, 바울이 이어지는 24b-25절에서 "보이는 것은 희망이 아니다", "보이지 않는 것을 기다린다"며 희망의 속성을 길게 설명할 이유가 없습니다.

셋째, 정관사의 사용입니다. 24절의 희망 앞에 붙은 정관사(τῇ)는 20절에서 피조물이 굴복할 때 언급된 바로 그 희망을 가리킵니다. 즉 문맥은 피조물의 탄식과 성도의 구원이 동일한 희망의 지평 안에서 맞물려 있음을 시사합니다.[22]

희망은 이미 구원받은 이들이 지금 살아가는 존재 방식입니다. 소망할 수 없는 상황에서조차 희망을 가질 수 있는 '기이한' 상태에 있다는 점에서, 우리는 희망이라는 '공간' 안에서 구원의 일부가 실현되었다고 말할 수도 있습니다. 믿는 자는 이미 구원받았으되, 그 구원을 눈으로 확인할 수 없는 지금-여기에서 희망하며 참고 견딥니다. 구원은 희망의 형태로 현재화되고, 희망은 구원의 현재적 얼굴로 드러납니다. 그러므로 로마서 8:24은 이렇게 이해해야 합니다. "우리는 희망 안에서 구원받았습니다." 또는 "우리가 받은 구원은 지금 희망의 모습으로 존재합니다."

바울 이전 그리스인들의 생각과 달리, 그리스도 안에서 엘피스는 단순한 기대나 모호한 예상 혹은 비이성적 감정이 아니라 기적처럼 솟아나고 꺾이지 않는 희망입니다. 플라톤은 『티마이오스』에서 엘피스를 "오도하기 쉬운" 감정으로 경계했지만, 바울이 말하는 엘피스는 결코 믿는 자를 기만하지 않습니다. 이는 그 근거가 인간의 욕망이나 불확실한 미래가 아니라, '영'이라는 보증을 주신 하나님,[고후 5:5] 새 창조를 행하신 하나님, 예수를 죽은 자들 가운데서 살리신 하나님, 없는 것을 있게 하시는 하나님께 있기 때문입니다. 우리의 하나님은 희망의 하나님입니다(ὁ θεὸς τῆς ἐλπίδος).[롬 15:13]

클라우디우스 황제 이후 로마 주화에 끊임없이 등장하는 스페스는 고통과 죽음이 소거된, 오직 번영과 승리의 희망을 선전했습니다. 그러나 바울이 선포하는 엘피스는, 로마 제국에서 가장 수치스러운 처형 방식인 십자가에서 죽은 그리스도를 참된 왕으로 고백하는 역설적인 희망입니다. 로마의 스페스가 고난을 이데올로기적으로 지움으로써 유지되는 환상이라면, 바울의 엘피스는 "현재의 고난"룸 8:18을 직시하고 그 안에서 함께 탄식하며룸 8:23 형성되는 십자가의 희망입니다. 수백 년간 제국의 주화와 바울 서신은 서로 다른 두 종류의 희망을 놓고 경쟁해 왔습니다. 과연 누구의 스페스가 참된 것인가? 역사는 제국의 멸망과 복음의 생존으로 그 답을 보여주었습니다.

프뉴마적인 몸 σῶμα πνευματικόν

천상의 물질?

매주 교회에서 예배드릴 때 사도신경을 암송하는 순간을 떠올려 보겠습니다. 수많은 입술이 한목소리로 나직하게 고백합니다. "몸이 다시 사는 것과 영원히 사는 것을 믿사옵나이다." 그리스도교 신앙의 핵심 중 하나는 영혼만 둥둥 떠다니는 유령 같은 삶이 아니라, 구체적인 '몸의 부활'을 믿는 것입니다.

그런데 좀 솔직해져 볼까요? 우리는 입으로는 '몸의 부활'을 말하지만, 머릿속으로는 도무지 그 그림이 그려지지 않아 당혹스러울 때가 많습니다. 썩어진 몸이 좀비처럼 무덤을 열고 나오는 것일까요? 아니면 천사처럼 날개가 돋아나는 것일까요? 죽은 다음 우리가 '입게 될 옷'(부활의 몸)은 과연 어떤 소재/재질(?)과 어떤 형상을 하고 있을까요?

바울은 이 질문에 '소마 프뉴마티콘'(σῶμα πνευματικόν)이라고 대답합니다. 소마(σῶμα)는 '몸'을 지칭하는 헬라어 명사이고, 프뉴마티콘(πνευματικόν)은 '바람, 호흡, 영' 등을 뜻하는 프뉴마(πνεῦμα)에서 유래한 형용사입니다. 바울의 대답이 들어 있는 고린도전서 15:42-44을 읽어 보겠습니다.

> 죽은 사람들의 부활도 마찬가지입니다. 썩을 것으로
> 뿌려지지만, 썩지 않을 것으로 부활합니다. 보잘것없는
> 것으로 뿌려지지만, 영광스러운 것으로 부활합니다. 약한
> 것으로 뿌려지지만, 강력한 것으로 부활합니다. 자연에 속한
> 몸으로 뿌려지지만, 영적인 몸으로 부활합니다. 자연에 속한
> 몸이 있다면 **영적인 몸**도 있습니다. ^{새한글성경}

많은 번역본들이 소마 프뉴마티콘(σῶμα πνευματικόν)을 '영적인 몸'(영어 성서는 대개 spiritual body)으로 옮깁니다. 여기서부터 우리의 머리는 복잡해집니다. '몸'은 만질 수 있는 물질인데, '영적인'이라는 말은 비물질적인 것으로 느껴지기 때문입니다. '따뜻한 얼음'이나 '소리 없는 아우성'처럼, '영적인 몸'이라는 말은 형용 모순처럼 들립니다. 바울은 과연 무슨 생각으로 이런 단어를 조합해 낸 것일까요?

소마 프뉴마티콘이 정확히 어떤 상태를 가리키는지에 대해서는 신약학자들도 아직 합의된 답을 내놓지 못하고 있습니다. 오히려 여러 해석들이 경쟁하고 있지요. 이 글에서는 똑 부러지는 답을 제시하기보다는, 바울 시대 사람들이 남긴 글과 현대 학자들의 다양한 견해를 통해 함께 상상해 보고 추론하는 작업을 하려 합니다.

스토아 철학의 프뉴마: 우주를 관통하는 신성한 생명력

프뉴마티콘의 의미를 이해하기 위해 당시 유행하던 철학과 의학

문헌을 살펴보겠습니다. 바울 시대에 가장 인기 있던 사상이 스토아 철학인데, 이 철학 전통에서 프뉴마가 깊이 탐구되었기 때문입니다. 또한 그리스 의학이 스토아 철학의 프뉴마 이해에 큰 영향을 주었기 때문이기도 합니다. 바울이 스토아 철학에 대해 최소한 대중적 수준의 지식을 가지고 있었다는 것이 중론입니다. 그러니 이러한 배경을 알면, 바울이 무슨 말을 했을지 다양한 가능성을 열어 놓고 생각해 볼 수 있습니다.

먼저 스토아 철학의 프뉴마(πνεῦμα) 개념을 살펴보면, 이 철학자들은 독특한 생각을 했습니다. 존재하는 모든 것이 물질이라고 믿었습니다. 눈에 보이든 안 보이든, 만질 수 있든 없든 모든 것은 물질로 되어 있다는 것입니다. 오늘날로 말하면 '유물론자'라고 할 수 있습니다. 그런데 그들이 말하는 프뉴마는 특별한 물질입니다. 우주 전체에 퍼져 있으면서 모든 것을 꿰뚫고 지탱하는 힘이 있는 물질이지요. 마치 공기처럼 보이지는 않지만 어디에나 있고, 생명을 주고, 모든 것을 하나로 연결해 줍니다. 이 신성하고 고귀한 물질은 변화와 창조를 일으키는 능동적인 힘이 있고, 지성까지 갖춘 것으로 여겨졌습니다. 스토아 철학자들은 프뉴마를 '로고스'라고도 부르고 '신'이라고도 불렀습니다. 고대 철학자들의 생애를 기록한 디오게네스 라에르티오스^{Diogenes Laertius}의 책에는 스토아 철학 사상이 이렇게 소개됩니다.『유명한 철학자들의 생애』 7.135

신은 지성적인 존재로, 마음과 에테르(천상의 물질) 안에 존재한다. 그분은 또한 영과 운명이라 불리는데, 이는 그분이 온 우주를 관통하는 로고스이기 때문이다.

로마의 철학자 세네카도 이렇게 기록했습니다. "프뉴마는 온 세상을 채우고 생명을 주며 다스린다."『자연 현상에 관한 질문들』 2.45

바울의 전환: 프뉴마 그리스도라는 새로운 생명의 원리

스토아 철학의 이러한 프뉴마 개념을 바울 해석에 직접 적용하면 어떻게 될까요? 어느 학자는 고린도전서 15장의 '프뉴마적인 몸'이 이 물질적 프뉴마 개념으로만 온전히 이해될 수 있다고 주장합니다. 즉 프뉴마는 하늘에 속한 특별한 물질적 요소("물질 중 최고 물질"이라고 부를 수 있는 것)이며, 이 프뉴마가 땅의 몸을 변화시켜 별과 같은 하늘의 몸으로 만든다는 것입니다.[23]

이 해석에 따르면 바울의 부활 논증은 당대의 스토아적 우주론에 깊이 의존하고 있으며, 따라서 프뉴마적인 몸은 비물질적인 영의 몸이 아니라 천상의 물질로 구성된 새로운 몸이라는 것입니다. 마치 별이 불이나 에테르라는 특별한 물질로 이루어진 것처럼, 부활한 몸도 프뉴마라는 천상의 소재로 구성된다는 말이지요.

스토아 철학에는 또 이런 생각이 있었습니다. 신성한 프뉴마가 다른 물질과 얼마나 많이 섞이는지에 따라 무생물, 식물, 동물, 인간으로 등급이 나뉜다는 것입니다. 프뉴마가 많이 섞일수록 더 높은 존재가 됩니다. 이와 같은 배경에서 바울의 글을 읽어 보겠습니다. 고전 15:38-41

하나님이 주시고 싶은 대로 씨앗에 몸을 주시는데, 씨앗들 하나하나에게 그 나름의 몸을 주십니다. 살이라고 해서 다 똑같은 살이 아닙니다. 사람들의 살이 다르고, 짐승들의 살이

다릅니다. 새들의 살이 다르고, 물고기들의 살이 다릅니다.
하늘에 속한 몸들이 있고, 땅에 속한 몸들이 있습니다.
하늘에 속한 것들의 영광이 다르고, 땅에 속한 것들의
영광이 다릅니다. 해의 영광이 다르고, 달의 영광이 다르고,
별들의 영광이 다릅니다. 별과 별 사이에도 영광에 차이가
있으니까요. ^{새한글성경}

이 본문을 보면 바울도 존재하는 것들 사이의 차이를 말하는 것 같습니다. 특히 '몸'에 집중하면서요. 40-41절에서 바울은 하늘에 속한 몸과 땅에 속한 몸을 비교하며, 이들이 각각 다른 영광을 가진다고 말합니다. 여기서 '몸'이라고 번역된 말은 단순히 '살아 있는 생명체'만 가리키는 것이 아닙니다. 고대 철학자들의 자연 이해에 따르면, 어떤 식으로든 형태를 유지하고 있는 모든 것, 눈에 보이는 모든 존재를 '몸'이라고 불렀습니다. 바울은 하늘에 속한 몸의 영광을 설명하기 위해 해와 달과 별을 예로 듭니다. 심지어 별들끼리도 빛나는 정도가 다르다고 강조합니다. 프뉴마를 물질적으로 해석하는 학자는, 바울이 천체를 예로 든 것은 부활한 몸도 별처럼 특별한 하늘의 물질, 곧 프뉴마로 구성될 것임을 암시하는 것이라고 봅니다. 고대 그리스 철학자들은 천체가 전혀 다른 물질로 구성되어 있다고 보았기에, 바울이 말하는 "영광"(δόξα)은 "천상의 물질이 갖는 광휘"를 시사하는 것으로 이해할 수 있습니다.[24]

그런데 본문을 자세히 들여다보면 다른 해석의 가능성도 열립니다. 바울이 사용한 '자연에 속한'과 '영적인'이라는 헬라어 단어가 두 가지 다른 몸을 가리키는 것이 아니라, 오히려 '똑

같은 한 몸'이 겪는 두 가지 다른 상태를 말하는 것이라는 견해도 있습니다.[25] 쉽게 말하면 이렇습니다. '자연에 속한 몸'과 '영적인 몸'은 서로 다른 두 개의 몸이 아닙니다. 지금 우리가 가진 이 몸이 부활을 통해 완전히 새로운 상태로 변한다는 것입니다. 낡은 옷을 벗고 새 옷을 입는 것이 아니라, 이 몸 자체가 근본적으로 다른 차원으로 변화된다는 말이지요.

중요한 표현이 또 있습니다. 38절을 보면 바울은 하나님이 '원하시는 대로' 각 씨앗에 몸을 주신다고 말합니다. 부활한 몸이 어떤 모습일지 결정하는 것은 씨앗 자체의 성질이 아니라 하나님의 뜻이라는 것이지요.[26] 심은 것과 나오는 것의 모양은 다르지만, 하나님은 각 씨앗에 그 씨앗만의 고유한 몸을 주십니다. 이는 몸이 완전히 바뀌는 것이 아니라 어떤 연속성을 유지한다는 것을 암시할 수도 있습니다.

또 다른 프뉴마 해석은 바울의 논리에서 아리스토텔레스 철학의 영향을 찾아냅니다. 바울이 42-44절에서 대비시키는 것, 곧 썩는 것과 썩지 않는 것, 보잘것없는 것과 영광스러운 것의 대조가 아리스토텔레스의 변화 이론을 떠올리게 한다고 주장합니다.[27] 아리스토텔레스는 땅에 있는 물질은 계속 변하고 썩지만, 하늘의 제5원소인 에테르는 변하지 않는다고 생각했습니다. 이러한 관점에서 보면, 바울은 부활을 몸 자체가 없어지는 것이 아니라 몸의 '성질' 혹은 '속성'이 바뀌는 것으로 이해한 듯합니다. 약하고 썩는 성질이 썩지 않고 강력한 하늘의 특성으로 교체되는 것이지요. 이 해석에 따르면 부활한 몸은 지금 몸과 이어져 있으면서도(같은 실체) 질적으로는 완전히 새로운 상태(다른 속성을 지닌 상태)가 됩니다. 물질 자체가 아니라 그 물질이 가진 성질이 바뀌는 것입니다.

그런데 바울이 별을 예로 든 것을 어떻게 이해해야 할까요? 앞서 본 물질적 해석에서는 별이 특별한 하늘의 물질로 구성되어 있듯 부활한 몸도 프뉴마로 구성됩니다. 하지만 다른 해석도 가능합니다. 바울이 40-41절에서 별이 지성이나 영혼을 가졌다는 암시를 전혀 주지 않는다는 점에 주목할 필요가 있습니다. 바울은 창세기 1장의 창조 이야기를 따라 해와 달과 별을 하나님이 만드신 빛을 내는 물체로 묘사하며, 이들의 '밝기'가 서로 다름을 강조합니다. 이 해석에 따르면, 바울은 천체의 밝기 차이를 통해 부활한 몸이 지금 몸과는 질적으로 다른 '영광'을 가질 것임을 비유로 설명하고 있습니다. 별이 프뉴마로 만들어졌다는 것이 아니라, 별들의 영광이 서로 다르듯 부활한 몸들도 각기 다른 영광을 가질 것이라는 비교를 한다고 보는 것입니다. 이렇게 보면 천체 비유는 '프뉴마적인 몸'이 별처럼 프뉴마로 구성된 몸이라기보다는, 부활한 몸이 지금 몸과는 비교할 수 없는 새로운 영광과 광채를 가질 것이라는 점(지금 몸과는 질적으로 다른 '영광'과 '존재 방식'을 가진 몸)을 강조한다고 말할 수 있습니다.[28]

프뉴마적인 몸을 이해하는 데 도움이 되는 또 하나의 단서가 있습니다. 바울은 프뉴마적인 몸을 설명하면서 그리스도와 아담을 대비시킵니다. 고전 15:45-49

마찬가지로 성경에 이렇게 적혀 있기도 합니다. "첫 사람 아담은 생명체가 되었다." 그런데 마지막 아담은 생명을 주시는 영(프뉴마)이 되셨습니다. 그러나 먼저 있었던 것은 영적인 것이 아니라 자연에 속한 것이었습니다. 그다음으로 영적인 것이 있었습니다. 첫 사람은 땅에서 나와서 흙의 사람이고, **둘째 사람은 하늘에서 나셨습니다.** 그 첫 번째 흙의 사람이 어떠하면 그 밖의 흙의 사람들도 그러합니다. 그 첫 번째 하늘에 속한 분이 어떠하면 그 밖의 하늘에 속한 사람들도 그러합니다. 우리가 흙의 사람인 그의 모습을 지녔던 것처럼, 하늘에 속한 그분의 모습도 지니게 될 겁니다. _{새한글성경}

여기서 바울은 그리스도를 아담의 최종적 대응자로 묘사합니다. 세상의 시작과 종말 사이의 대응 관계를 말하는 것이지요. 그리스도를 "마지막 아담"이라 부르면서, 바울은 두 가지를 강조합니다. 즉 둘 다 대표자 역할을 한다는 것과, 그리스도 이후에는 더 이상 다른 '아담'이 없다는 것입니다. 이는 그리스도의 운명이 인류의 최종 운명을 결정한다는 말입니다.[29]

이 단락에서 무척 중요한 단어가 나옵니다. 바울은 창세기 2:7을 인용하여 첫 사람 아담이 "산 영혼"(ψυχὴ ζῶσα)이 되었다고 말합니다. 반면에 마지막 아담 그리스도는 "생명을 주시는 프뉴마"(πνεῦμα ζωοποιοῦν)가 되었습니다. 이는 프뉴마이신 그리스도가 부활한 사람들을 위한 새로운 생명력의 유일한 원천이 되었다는 뜻입니다.

이러한 관점에서 보면 '자연에 속한 몸', 곧 소마 프쉬키콘 (σῶμα ψυχικόν)과 소마 프뉴마티콘(σῶμα πνευματικόν)의 대조는 재료^{material}의 차이를 강조하기보다 '관계(엮임)나 상태'를 강조한다고 말할 수 있습니다. 소마 프쉬키콘은 단순한 육체가 아니라 혼, 곧 프쉬케(ψυχή, 생명 원리)에 의해 작동하는 몸을 의미합니다. 이에 비해 소마 프뉴마티콘(영에 속한 몸)은 프뉴마에 의해 활성화된 몸, 다시 말해 프뉴마이신 그리스도에 의해 살아 움직이는 몸, 그리스도에게 속한 몸을 가리킵니다.[30]

그리스도는 프뉴마가 되셨습니다. 그리고 사람이 그리스도를 믿을 때 그분의 프뉴마를 받습니다. 고린도후서 1:22은 이렇게 말합니다. "하나님이 또 우리를 인증해 주시고, 그 보증으로 우리의 마음속에 성령님(프뉴마)을 주셨습니다."새한글성경 그렇게 프뉴마를 받은 사람 속에 그리스도의 프뉴마와 하나님의 프뉴마가 머무르면서 신자의 새로운 정체성(하나님의 자녀)을 만듭니다. 그리스도의 프뉴마를 받은 사람은 본질적으로 프뉴마이신 그리스도와 같은 성질을 가진 존재가 됩니다. "주님께 달라붙어 있는 사람은 주님과 한 영(프뉴마)이 됩니다."고전 6:17, 새한글성경 그 결과를 갈라디아서 4:6은 이렇게 표현합니다. "여러분은 하나님의 아들딸이므로, 하나님이 자기 아들의 영을 우리 마음에 내보내셨습니다. 그 영이 '압바', 곧 '아버지!' 하고 외칩니다."새한글성경

스토아 철학의 프뉴마가 능동적이고 변화를 일으키는 것처럼, 신자 안에 사는 그리스도의 프뉴마도 그 몸에 변화를 일으켜 그리스도를 닮게 만듭니다. 고린도후서 3:17-18을 보겠습니다.

주님은 영(프뉴마)이십니다. 주님의 영이 계신 곳에는 자유가 있습니다. 우리는 모두, 가리개를 벗은 얼굴로 주님의 영광을 거울 보듯 보면서, **주님과 똑같은 모습으로 변화되어** 점점 더 큰 영광에 이르게 됩니다. 이것은 영(프뉴마)이신 주님이 이루어 주시는 일입니다.새한글성경

변화의 시작: 지금 우리 안에서 숨 쉬는 부활의 씨앗

프뉴마가 인간에게 미치는 영향을 이해하는 데 도움이 되는 단서가 더 있습니다. 고대 그리스 의학에서 프뉴마를 다룬 흥미로운 내용을 소개합니다. 앞서 말했듯이 그리스 의학은 초기 스토아 철학에 영향을 주었습니다. 유명한 『히포크라테스 전집』의 "신성한 병에 대하여"[19.1-15]에 나오는 단락입니다.[31]

> 이러한 이유들로 인해 나는 뇌가 인간 안에서 가장 큰
> 힘(δύναμις)을 가진다고 생각한다. 왜냐하면 뇌가 건강한
> 상태에 있다면, 뇌는 공기(ἀήρ)로부터 생겨나는 현상들을
> 우리에게 해석해 주는 존재이기 때문이다. 그리고 뇌에
> 지각 능력을 제공하는 것은 바로 공기다.……사람이
> 숨/프뉴마(πνεῦμα)를 들이마실 때, 그것은 뇌에 가장 먼저
> 도달하고, 그런 다음 뇌에 자신의 가장 순수한 정수와 지각
> 능력 및 판단력을 가진 부분을 남겨둔 채, 공기는 나머지
> 몸으로 흩어지기 때문이다.

이 글은 프뉴마를 들이마시는 것이 분별력과 판단력을 준다고 말합니다. 2세기에 활동한 위대한 의사 갈레노스[Galen]는 이 개념을 더욱 발전시켰습니다. 그는 뇌 기저부에서 정제된 특별한 형태의 프뉴마인 '영혼의 프뉴마'가 뇌실을 순환하며 인간의 고차원적인 정신 활동을 가능하게 한다고 설명했습니다. 콧구멍을 통해 들이마신 공기로부터 영양을 공급받는 이 '영혼의 프뉴마'는 의식, 감각, 그리고 자발적 운동을 담당한다는 것입니다.[32] 바울도 비슷한 말을 합니다. [롬 8:5-9]

영을 따라 사는 사람들은 영의 일들에 마음을 둡니다. 육신에 마음을 두는 삶은 죽음을 가져오고, 영에 마음을 두는 삶은 생명과 평화를 가져옵니다. 육신에 마음을 두는 것은 하나님께 맞서 원수가 되는 일이기 때문입니다. 그것은 하나님의 법을 따르지 않을 뿐만 아니라 그렇게 할 수도 없습니다. 육신에 사로잡혀 있는 사람들은 하나님 마음에 들 수 없습니다. 그런데 여러분은 육신에 사로잡혀 있지 않고, 영 안에 있습니다. 하나님의 영이 여러분 안에 자리 잡고 살고 계시다면 말입니다. ^{새한글성경, 저자 부분 수정}

지금 이 시대에 관하여 바울은 어떤 사람들은 육신을 따르고 어떤 사람들은 "영을 따른다"고 말합니다. '육신을 생각하는 것'과 '영을 생각하는 것'의 대조는 6절로 바로 이어집니다. 육신을 생각하는 것은 사망에 이르지만, 성령을 생각하는 것은 생명과 평화에 이른다고 바울은 명징하게 말합니다. 마음가짐이나 사고방식을 뜻하는 단어가 바울 서신 중 이 장에서 유난히 두드러지게 나옵니다. 바울은 단순히 머리로 생각하는 것이 아니라 하나님을 향하거나 멀어지는 의지의 방향을 말하고 있습니다.

마지막으로, 소마 프뉴마티콘에 대한 또 다른 해석을 소개합니다. 프뉴마적인 몸을 프뉴마라는 물질로 만들어진 몸으로 해석하기보다, "그리스도와 연합하여 프뉴마에 의해 온전히 살아 움직이는 몸"으로 이해해야 한다는 견해입니다. [33] 부활한 몸의 생명과 활동 원리가 전적으로 프뉴마로부터 나온다는 의미이지요. 쉽게 말하면 몸의 물질성이 사라지는 것이 아니라, 프뉴마가 그 몸을 온전히 지배하고 살리는 새로운 상태가 된다는 것입니다. 지금 우리 몸이 영혼의 생명력으로 살아 움직이듯, 부활한 몸은 프뉴마의 생명력으로 살아 움직인다는 해석입니다.

바울이 살던 시대의 배경을 살펴보니, 프뉴마 개념이 매우 풍부하고 다층적이었음을 알 수 있습니다. 스토아 철학은 프뉴마를 우주를 관통하는 신성한 물질로 보았고, 그리스 의학은 프뉴마가 분별력과 생명을 준다고 여겼습니다. 어쩌면 대중적 교양 수준으로 스토아 철학을 이해했을 바울은 지금까지 소개한 다양한 프뉴마 이해의 섬세한 차이를 고려하지 않고 '프뉴마적인 몸'이라는 표현을 썼을지도 모릅니다.

하지만 우리가 확실히 말할 수 있는 것도 없지 않습니다. 사람이 예수를 믿으면, 하나님 또는 그리스도의 프뉴마를 받습니다. 신자의 몸까지 스며들어 퍼진 그 프뉴마는 사람의 분별력과 도덕적 자질을 크게 향상시킵니다(그래서 율법이 요구하는 것까지 실현합니다!). 그러면서 신자는 점점 그리스도에게 속하여 그분의 모습을 닮아 가고, 부활할 때 온전한 프뉴마적인 몸이 됩니다.

부활 신앙을 가진다는 것은, 나의 썩어질 육체 속에 이미 하나님의 '프뉴마' 씨앗이 심겼음을 기억하는 것입니다. 비록 지금은 거울로 보는 것처럼 희미하지만, 그날에는 얼굴과 얼굴을 맞대고 볼 것입니다. 우리의 약한 몸이 강한 몸으로, 욕된 것이 영광스러운 것으로, 육의 몸이 신령한 몸으로 다시 피어날 그 시간을 기다리며, 우리는 오늘 하루치의 숨(프뉴마는 '숨'이라는 뜻도 있습니다)을 거룩하게 내쉽니다.

카이로스καιρός

모든 순간을 하나님의 타이밍으로

현대인에게 시간은 미래를 향해 한 방향으로 선처럼 흐르는 것으로 인식됩니다. 우리말도 시간을 속성이나 성질대로 구분하여 부르는 식으로 발전하지 않았습니다. 그런데 고대 그리스인들은 시간을 인식하는 두 가지 독특한 방식을 가지고 있었습니다. 하나는 시계로 측정할 수 있는 연대기적 시간, 곧 흐르는 시간인 크로노스(χρόνος)입니다. 다른 하나는 시간의 특정한 질적 측면, 다시 말해 어떤 행동을 하기에 가장 적합하고 '결정적인 순간' 또는 '적기'opportune moment를 의미하는 카이로스(καιρός)입니다. 크로노스가 단순히 흘러가는 시간의 양을 나타낸다면, 카이로스는 어떤 순간의 중요성과 잠재력, 그리고 행동을 하는 데 있어 적절성을 강조합니다. 크로노스의 시간 속에서 우리는 늙어 가지만, 카이로스의 시간 속에서 우리는 비로소 '의미'를 창출합니다.

예를 들어, 고대 그리스의 시키온Sicyon 출신 조각가 리시포스Lysippos가 만든 카이로스 조각상은 시간의 냉혹한 속성을 섬뜩하리만치 시각적으로 웅변합니다. 기원후 3-4세기의 수사학자 칼

카이로스를 형상화한 대리석 조각
Hermitage Museum
© Grigur, 2021, Wikimedia Commons

리스트라투스[Callistratus]의 묘사에 따르면, 이 신은 발에 날개가 달려 있어 눈 깜짝할 사이에 지나가며, 앞머리가 무성해 다가올 때 붙잡을 수 있지만, 뒷머리는 매끈한 대머리여서 한 번 지나가면 다시는 붙잡을 수 없는 모습입니다.[34]

언어라는 것이 늘 그렇듯 가끔은 크로노스와 카이로스의 이런 독특한 의미가 희미해진 채 상호 교환적으로 사용될 때도 있었습니다. 신약성서의 용례를 보아도 결정적 순간 혹은 적절한 시기로서 카이로스가 자주 등장하지만, 어떨 때는 크로노스와 크게 다르지 않은 의미로 사용될 때도 있지요.

카이로스: 삶의 자본이 된 '사회적 적절성'의 감각

이 글에서는 세간에 흔하게 다루지 않은 카이로스의 또 다른 중요한 의미를 부각하려고 합니다. 그리고 이를 바탕으로 디모데후서 4:2의 "때를 얻든지 못 얻든지"(εὐκαίρως ἀκαίρως, 유카이로스 아카이로스)라는 표현이 가진 잘 알려지지 않은 함의를 살펴보겠습니다. 유카이로스(εὐκαίρως)는 '좋은, 적절한'을 뜻하는 유-(εὐ-)와 카이로스(καιρός)가 결합된 부사이고, 아카이로스(ἀκαίρως)는 부정 접두사 아-(ἀ-)가 카이로스(καιρός)에 붙어 만들어진 단어입니다.

카이로스는 고대 그리스-로마 사회에서 다방면에 걸쳐 중요한 가치였습니다. 결정적 시기나 적절한 기회가 언제인지를 정확하고 신속하게 판단하는 것, 그리고 그 절호의 기회를 포착하는 지혜, 기술, 그리고 사회적 세련됨을 포괄하는 개념이 카이로스입니다. 우리가 흔히 쓰는 '타이밍'이라는 단어의 뉘앙스를 떠올리는 것이 좋겠습니다. 철학과 문학과 수사학 등에서 중요하게 사용된 카이로스의 용례를 하나씩 살펴보면서 이러한 카이로스의 의미를 파악해 보겠습니다. 그 전에 한 가지 기억해 둘 것이 있습니다. 그리스-로마 사회에서 굉장히 소중하게 여긴 가치가 '적절함'이었다는 사실입니다. 요즘 말로 하면 사회 생활에서 TPO^Time, Place, Occasion를 맞추는 센스라고 할까요.

지금부터 살펴볼 고대 문헌 인용 구절들은 다양한 스펙트럼의 '적절함'이라는 틀로 접근하면 이해하기 쉬울 것입니다. 앞서 언급한 디모데후서 본문은 '말하기'에 관련된 것이니, 고대의 문학 및 수사학에서 카이로스를 어떻게 다루었는지 보겠습니다. 수사학^rhetoric은 고대 그리스와 로마에서 매우 요긴하고 실용적이며 출세를 위해서도 필수적인 학문이었습니다. 수사학은 한마디로 말해 '설득의 기술'입니다. 효과적인 설득을 위해 말하는 '때'는 무척 중요했습니다. 아리스토텔레스가 『수사학』에서 제시하는 수사학 체계 전반에서 카이로스 개념은 청중의 심리 상태^pathos와 가변적인 상황에 맞춰 스타일을 조절하는 핵심 원리로 등장합니다.[35] 아리스토텔레스는 평소에 쓰기 힘든 과격한 어조나 표현조차 "적절한 때"(εὐκαίρως)에는 용인할 만한 것으로 받아들여진다고 설명합니다.[36] 더 나아가 그는 법정 공방에서 질문을 던지는 타이밍에 대해, 상대가 모순에 빠졌을 때가 아니면 질문하지 말아야 한다며, "가장 시의적절한(유카이론) 때"(εὔκαιρόν ἐστι)를 포착하는 것이 승패의 핵심임을 강조합니다.[37] 결국 아리스토텔레스의 수사학 체계에서 카이로스란 감정, 스타일, 논리적 공격의 적절한 순간을 최대한 신중하게 판단해 가장 효과적인 설득을 이끌어 내는, 타협할 수 없는 상황의 법칙을 의미합니다.

　　고대 그리스의 웅변가 이소크라테스 역시 수사학을 단순한 기술이 아닌 도덕적 철학으로 간주했습니다. 그는 『소피스트 반박』13절에서 기계적인 연설법을 비판하며 이렇게 일갈합니다. "연설(λόγους)은 적절한 시기(καιρῶν, 카이론)와 상황에 대한 합당함, 그리고 참신함을 갖추지 못하면 결코 훌륭할 수 없다."[38]

　　이러한 맥락에서 당시 가장 중요한 사회적 덕목이 '적절함'(τὸ πρέπον, 토 프레폰)이었습니다. 이는 분위기를 파악하고 사회적 문법을 준수하는 능력이었습니다. 반대로 아카이로스(ἀκαίρως), 곧 '때가 아닌 부적절한 행동'은 명예와 수치를 중시하는 고대 문화에서 '사회적 자살'과도 같았습니다. 고대 비극 작가 아이스킬로스는 『제주를 바치는 여인들』에서 말의 적절함을 다음과 같이 강조합니다. "침묵해야 할 때는 침묵하고, 오직 적절한 때(카이리아)만 말하라"(σιγᾶν θ' ὅπου δεῖ καὶ λέγειν τὰ καίρια).[39]

　　제2차 포에니 전쟁 당시, 파비우스는 한니발과의 위험한 정면 승부를 피하고, 당시 전장을 둘러싸고 전개되고 있던 여러 국면들(καιροί)을 냉정하게 판별하여 그에 맞게 처신하는 전략을 구사했습니다. 폴리비오스는 파비우스에 대해, 그는 스스로를 위험에 노출시키지 않고 병력의 안전을 최우선에 두는 판단을 끝까지 유지했으며, "그때를 둘러싸고 있던 상황적 국면들(τοῖς τότε περιεστῶσι καιροῖς)을 다루는 데 그보다 더 분별 있고 현명하게 처신할 수 있는 이는 없었다"고 평가합니다.[40] 승패는 누가 더 정확하게 전장의 시간을 읽어 내는가에 달려 있었던 것입니다.

　　유대 문헌도 살펴보겠습니다. 유카이로스에 대해 칠십인

역 집회서 18:22은 다음과 같이 권고합니다. "서원을 제때에 (εὐκαίρως) 채우기를 망설이지 말고, (너를) 의롭게 하는 일을 죽을 때까지 미루지 마라." 유대 묵시 문학은 시간을 '이 시대'[this age]와 '오는 시대'[the age to come]로 날카롭게 양분했습니다. 묵시적 상상력은 현재의 역사를 악이 지배하는 절망적 시간으로 규정하고, 하나님이 '적절한 시기'에 초자연적으로 개입하여 심판하실 결정적 카이로스를 기다렸습니다.[41]

이처럼 카이로스는 고대 그리스-로마 문화 전반에 걸쳐 성공, 지혜, 덕, 전쟁, 종교, 심지어 생존과 직결된 핵심적인 가치였습니다. 그것은 상황을 읽고 기회를 포착하여 가장 '적절하게' 행동하는 능력, 곧 '센스 있는' 판단력과 실행력을 의미했습니다. 상황을 읽고 적절하게 행동하기 위해 때로는 높은 수준의 눈치와 사회적 세련됨을 갖추어야 했지요. '때를 못 맞추는 것'은 무능함이었고, '때를 무시하는 것'은 공동체의 질서를 위협하는 오만[hybris]이었습니다.

사회적 문법을 깨뜨리는 '부적절한' 복음

이런 배경 지식을 통해 우리의 본문을 읽으면 어떤 새로운 의미를 발견할 수 있을까요? "너는 말씀을 전파하라. 때를 얻든지 못 얻든지 항상 힘쓰라"(κήρυξον τὸν λόγον, ἐπίστηθι εὐκαίρως ἀκαίρως).[딤후 4:2] 이 말씀은 전도를 열심히 하라는 구호로 널리 쓰입니다. 틀린 번역도 아니고 성서의 심각한 오용이라고 할 수도 없습니다. 하지만 우리는 이 권고가 당시 사회적 맥락에서 어떻게 들렸을런지 조금 다른 각도에서 추론할 수 있습니다.

여기서 바울은 유카이로스(εὐκαίρως)와 아카이로스(ἀκαίρως)

를 대등하게 병치시킵니다. 고전 수사학의 관점에서 '아카이로스하게 힘쓰라'는 것은 말도 안 되는 소리입니다. 그것은 '청중이 듣기 싫어할 때도', '분위기가 험악할 때도', '네가 모욕을 당하고 체면을 구기는 상황일지라도' 입을 열라는 뜻이기 때문입니다. 청중에게 적절하게 말하고 행동하기 위해 필요한 눈치와 사회적 세련됨까지 내려놓으라는 함의도 있었던 것 같습니다.

이런 급진성은 예수의 삶에서 이미 예고되었습니다. 예수는 당대의 시간표와 공간 규범을 철저히 위반한 '거룩한 무례함'의 화신이었습니다. 신약성서는 예수께서 세리와 죄인들과 함께 먹고 마신 사건^{눅 5:29}을 기록하고 있습니다. 이는 정결법상 아카이로스의 시간(부적절하고 오염된 시간)을 하나님 나라의 잔치라는 새로운 카이로스로 변모시킨 혁명적 사건이었습니다. 하나님이 개입하시는 결정적인 '때'가 도래했다는 선포가 이 모든 파격의 근거였습니다. 인간 세상의 시간(크로노스) 속에 하나님의 시간이 '침투'하여 세상의 질서를 뒤흔든 것입니다. 폴 틸리히^{Paul Tillich}는 카이로스를 가리켜 "영원이 시간 속으로 침투해 들어오는 순간"이라고 정의했습니다. 비유적으로 말해 크로노스가 수평적으로 흐르는 강물이라면, 카이로스는 그 강물 위로 번개가 수직으로 내려치는 사건에 가깝습니다.[42]

십자가의 카이로스

세상은 여전히 우리에게 '적절한 때'를 기다리라고 말합니다. 효율성을 따지고 처세술을 익히며 세련되게 행동하라고 강요합니다. 그러나 십자가는 세상의 눈으로 볼 때 가장 '부적절한 때', 예상할 수 없었던 때 가장 수치스러운 방식으로 일어난 사건이었습니다. 사람이 판단하는 '적절한 때'(εὐκαίρως)가 늘 옳을 수는 없을 것입니다. 때로는 어리석은 판단이 될 수도 있다는 사실을 늘 경계해야 합니다. 마가복음 14:11에는 유다가 "좋은 기회"(εὐκαίρως)를 잡아 예수를 넘겨줄 방법을 찾았다는 기록이 있습니다. "그들이 듣고서 기뻐했고, 유다에게 돈을 주기로 약속했다. 그래서 유다는 좋은 기회를 잡아 예수님을 넘겨줄 방법을 찾으려고 했다."^{새한글성경}

물론 이러한 해석이 21세기 대한민국에서 타인에게 혐오감이나 불쾌감을 주는 방식의 전도를 장려하자는 뜻은 결코 아닙니다. 디모데후서 본문 역시 "오래 참음과 가르침"을 병행하라고 명합니다.^{딤후 4:2} 다만, 적절한 순간을 포착하려고 과하게 애쓰거나, 문화적 세련됨과 '이벤트'로 복음 메시지를 지나치게 '적절하게' 포장하려는 노력을 한 번쯤 비판적으로 성찰하는 것도 필요한 일 같습니다.

구원σωτηρία

멸망에서 보존됨

구원의 원형

일반적으로 그리스도교의 최종 목적은 '구원받는 것'이라고들 합니다. '구원의 확신'이 신자들 사이에 늘 입에 오르내리며 논쟁이나 고민의 대상이 되고, 많은 신자들이 '다른 종교에도 구원이 있는가'라고 질문하기도 합니다. 구원의 정의를 물으면, '죽은 후 천국에 가는 것'이라는 대답이 압도적으로 많습니다. 그래서 구원의 반대말이 '지옥에 가는 것'이라고 생각합니다. 완전히 틀린 대답은 아닙니다. 하지만 신약성서에서 구원으로 번역된 명사 소테리아(σωτηρία)의 반대말이 무엇인지 고대 헬라어를 말하고 쓰던 사람들에게 물어보았다면, 십중팔구 '멸망'(ἀπώλεια, 아폴레이아)이라고 답했을 것입니다.

이러한 점을 구체적으로 보여주는 성서 구절 두 개를 인용하겠습니다. 고린도전서 1:18은 "십자가의 도가 멸망하는 자들(τοῖς ἀπολλυμένοις)에게는 미련한 것이요 구원을 얻는 우리에게는(τοῖς δὲ σῳζομένοις ἡμῖν) 하나님의 능력"이라고 말합니다. 또한 빌립보서 1:28은 대적하는 자들 때문에 두려워하지 않는 것이 "그들에게는 멸망(ἀπώλεια)의 증거요 너희에게는 구원(σωτηρία)의 증거"라고 선포합니다.

이렇듯 1세기와 2세기의 그리스도인들은 좀 더 다층적이고 다면적인 의미로 소테리아를 이해했습니다. 소테리아라는 헬라어 단어는 그리스도교가 발명해 낸 말이 아닙니다. 소테리아와 그 동족어인 소조(σῴζω, 구원하다), 소테르(σωτήρ, 구원자)는 고대 지중해 세계에서 오랫동안 군사적·정치적·사회적·철학적·종교적 맥락뿐만 아니라 심지어 의학적 맥락에서도 사용되었습니다.[43] 그리스도인들이 소테리아라는 단어를 말할 때도 원래의 문화적 의미에서 크게 동떨어져 있지 않았습니다. 무엇보다 타인과 의사소통하기 위해서는 그 말의 일반적 뉘앙스가 어느 정도 보존되어야 했기 때문입니다. 그렇다면 소테리아가 일상적 삶 속에서 기본적으로 어떤 의미를 지녔는지, 그리고 각기 다른 맥락에서 어떻게 사용되었는지 살펴볼 필요가 있습니다. 이를 통해 그리스도인들이 소테리아라는 단어로 어떤 내용을 전달하려고 애썼는지 윤곽을 파악할 수 있을 것입니다.

일단 여러분의 머리에서 '소테리아=구원'이라는 등식을 지우십시오. 소테리아는 기본적으로 '즉각적 위험으로부터의 구출'이라는 역동적 행위를 뜻했습니다. '안녕, 보존, 지킴, 보호, (병으로부터의) 치유, (항해를 끝내고) 안전하게 귀환하는 것' 등을 표현하는 말이었지요.[44] 소테리아라는 단어를 접하면, 전쟁이나 전염병과 같이 공동체의 안전을 위태롭게 하는 재앙에서 보존되고, 위험천만한 뱃길에서 안전하게 항해하며, 병의 질고에서 벗어나 온전하게 되는 이미지를 먼저 떠올리십시오.

고대 그리스에서는 도시가 침략당하지 않고 살아남는 것, 혹은 병사가 포위망을 뚫고 탈출하는 것이 소테리아였습니다. 더 나아가 전투에서의 승리, 외세의 지배로부터의 해방, 또는 사회 내부의 불안으로부터의 자유를 의미했습니다. 역사가 투키디데스는 시칠리아 원정에서 절망적 상황에 처한 아테네군이 끝까지 "소테리아를 포기하지 않았다"고 기록합니다.[45] 이는 단순히 희망을 포기하지 않았다는 의미가 아니라 '살아서 돌아갈 가능성'을 포기하지 않았다는 구체적인 뜻을 담고 있습니다. 아테네군은 잇따른 패배로 궁지에 몰려 있었습니다. 이제 전쟁이 사방에서 밀려와 그들을 압박하고 있었습니다. 해전에서는 승리한 적들에게 포위당했고, 도시 안에서는 앞으로 나아가려 할 때마다 적들의 방해를 받았습니다. 그런데도 그들은 소테리아(살아남음, 귀환)를 포기하지 않았습니다.

정치적·군사적·집단적 구원

신약성서 연구자에게 아주 잘 알려진 비문이 있습니다. 아우구스투스의 업적을 찬양하고 선전하는 것인데, 여기서 정치적·군사적 의미의 "구원자"(σωτήρ)와 "좋은 소식들"(εὐαγγέλια, εὐαγγέλιον의 복수형)이라는 표현이 함께 등장한다는 점이 매우 흥미롭습니다. 현재 튀르키예 서부인 프리에네의 달력 비문[Priene Calendar Inscription, 기원전 9년]의 내용입니다.

우리 삶의 모든 것을 질서 있게 배열한 섭리가 열심히
노력하며, 그리고 애정을 가지고 가장 완전한 것으로 삶을
장식했으니, 세바스토스(아우구스투스)를 가져다주었고, 그를

인간들의 복지를 위해 덕으로 충만하게 했으며, 우리와 우리 뒤에 올 자들에게 **구원자**(σωτήρ)로 보내어, 전쟁을 그치게 하는 자이며, 모든 것을 질서 지우는 자이고……신 (아우구스투스)의 생일이 그로 말미암아 세상에 온 **좋은 소식들**(εὐαγγέλια)의 시작이 되었느니라.[46]

에우앙겔리온(εὐαγγέλιον, 복음)이라는 단어 자체가 로마 황제의 등극이나 승전보를 알리는 정치적 용어였다는 사실은 매우 중요합니다. 최근 학계에는 복음의 핵심이 '이신칭의'라는 교리보다는 "예수가 왕이시다"라는 선포에 있다고 주장하는 이들이 있습니다.[47] 일리가 있는 주장입니다. 이 비문을 배경으로 공관복음서를 읽으면, 바실레우스(βασιλεύς, 왕)인 예수께서 로마 황제와 대립 관계 속에서 행동하시며, 그분이 구원하는(σῴζω) 방식은 로마 황제가 구원자(σωτήρ)로서 행사하는 방식과 완전히 반대된다는 점이 두드러지게 보입니다. 예수는 양을 돌보는 목자처럼 다가오셨지만, 황제는 충성을 요구하며 백성을 착취했고 자비를 보이지 않았습니다.[48]

신약성서에도 군사적 배경에서 소테리아가 나오는 예가 남아 있습니다. 누가복음 1:70-71의 '사가랴의 예언'에 이런 구절이 나옵니다. "아주 오래전부터 주님의 거룩한 예언자들의 입을 빌려 말씀하셨던 대로였네. 우리의 원수들과 우리를 미워하는 모든 사람들의 손에서 구원(σωτηρία)해 주겠다고 하셨었지."^{새한글성경} 이 구절은 이스라엘의 민족적·군사적 해방이라는 구약성서의 패턴을 계승하고 있습니다.

빌립보서 1:27-30에서 말하는 소테리아도 퇴역 군인들이 많

이 거주했던 빌립보 지역 신자들에게 군사적 이미지 안에서 이해되었을 가능성이 높습니다.[49]

다만 그리스도의 복음에 어울리는 시민으로 살아가십시오. 그리하여 내가 가서 여러분을 만나 보든지 또는 떠나 있든지, 여러분에 대해 이런 소식을 듣도록 해주십시오. 곧 여러분이 한 영으로 버티고 서서, 복음을 믿는 일에 한뜻으로 힘을 합쳐 싸운다는 소식을요. 또한 어떤 일에서도 반대자들에게 겁먹지 않는다는 소식을요. 이것이 그들에게는 자기들의 멸망의 증거이고, 여러분에게는 구원(소테리아)의 증거입니다. 이 증거는 하나님으로부터 오는 것입니다.
여러분에게 하나님이 은혜를 주셔서 그리스도를 위한 일을 하게 하셨습니다. 곧 그리스도를 믿을 뿐만 아니라 그리스도를 위하여 고난도 받게 하셨습니다.
여러분도 똑같은 싸움을 싸우고 있습니다. 여러분이 나에게서 보았던 그런 싸움, 지금도 나에 대해 듣고 있는 그런 싸움을 말입니다. 새한글성경, 저자 부분 수정

그리스도의 복음에 어울리는 시민으로 살아가고, 한 영으로 버티고 서서 복음을 믿는 일에 한뜻으로 힘을 합쳐 싸우며, 어떤 일에서도 반대자들에게 겁먹지 않는 것이 그들에게는 자기들의 멸망의 증거이고 여러분에게는 구원(소테리아)의 증거라고 바울은 말합니다.

이처럼 소테리아가 개인주의적인 구원 개념에 국한되지 않고 집단적이고 정치적인 차원의 보전과 안녕을 의미했다는 점

을 아는 것이 중요합니다. 그리스도교가 이런 균형을 잃고 개인 구원에만 집중할 때가 많은데, 소테리아라는 단어에 원래 공동체적 측면이 있었다는 이해는 균형추를 바로잡는 데 도움을 줍니다.

전인적 구원: 질병의 치유와 재난으로부터의 온전한 회복

신체적 치유와 회복을 나타내기 위해 소테리아와 동사 소조(σώζω)가 사용된 경우도 적지 않습니다. 예를 들어, 히포크라테스의 『유행병』에는 열병(καῦσοι)에 관한 기록이 있습니다. 그는 봄이나 초여름에 갑자기 병에 걸린 자들 대다수는 살아남았으나 일부는 죽었다면서, "코에 적절하고 충분한 출혈이 있는 자들은 이를 통해 특히 구원받았다(σώζεσθαι)"고 말합니다."[50]

의학의 신인 아스클레피오스는 그 치유 능력 덕분에 구원자(σωτήρ)라고 칭송받았습니다. 에피다우로스의 아스클레피오스 신전에는 "구원자 아스클레피오스께, '아무개'가 건강을 얻은 것에 감사하며 [이것을] 봉헌합니다"라는 형식의 글이 많이 있습니다.[51] 이런 용법은 신약성서에서도 자주 볼 수 있습니다. 예를 들어, 예수께서 열 명의 나병 환자를 치유하신 이야기("일어나서 가세요. 그대의 믿음이 그대를 구원했어요")[눅 17:19]와 여리고 근처의 맹인의 시력을 회복시키신 이야기[눅 18:42]는 질병과 고통으로부터의 해방을 묘사하기 위해 명시적으로 동사 소조를 활용합니다(그 밖에도 마태복음 9:21-22, 마가복음 5:23, 28, 34, 누가복음 8:48, 50, 17:19, 18:42, 사도행전 4:9, 14:9, 야고보서 5:15 등 아주 많은 예가 있습니다). 이처럼 소테리아는 건강과 온전함의 회복을 뜻하기도 했습니다. 1세기 대중에게 대가 없이 치유를 베푼 예수, 의학의 신

치유의 신 아스클레피오스를 소테르로 찬양하며 병의 회복을 감사하는 봉헌 부조
© De Agostini / Getty Images

아스클레피오스보다 위대한 소테르인 예수에 대한 소문이 널리 퍼졌을 것이라 추측할 수도 있습니다.

의학적 맥락을 넘어, 소테리아는 다양한 일상적 위험으로부터의 구출을 가리키는 말로 널리 사용되었습니다. 특히 해상 위험과 관련해 언급된 기록이 두드러지게 많습니다. 해상 사고가 고대 지중해 세계에서 생명을 위협하는 가장 흔한 위험 중 하나였기 때문입니다.[52]

신약성서에도 이런 용례가 종종 등장합니다. 사도행전 27:20은 "꽤 여러 날 동안 해도 별들도 나타나 보이지 않았다. 거센 바람이 심상치 않게 휘몰아쳐 댔고, 마침내는 우리가 구원받게 될 것($\sigma\omega\theta\tilde{\eta}\nu\alpha\iota$)이라는 희망도 모두 사라져 버렸다"새한글성경고 기록합니다. 또한 27:31에서 바울은 백부장과 병사들에게 이렇게 말합니다. "이 사람들이 배 안에 머물러 있지 않으면, 여러분 자신들도 구원받을(σωθῆναι) 수 없습니다!"새한글성경 이 본문들은 모두 난파 위험에서 살아남는 것을 말합니다.

제도화된 구원
: 권력의 보호와 영혼을 고치는 철학적 치유

고대 그리스-로마 사회에는 후원자-수혜 관계(후견인-피후견인 제도)가 뿌리 깊게 자리하고 있었습니다. 이런 사회적 맥락에서 소테리아 개념은 상위 계층이 의존적인 피후견인에게 제공하는 실질적인 혜택과 보호를 뜻했습니다. 피후견인 계층은 다양한 방식으로 자신들이 받은 혜택(소테리아)을 찬양하고 감사를 표했습니다. 원래 위기 대응(구출, 보호, 안전)에서 비롯된 소테리아가 점차 제도화된 정치적이고 사회적인 어휘로도 확장되어 사용된 것입니다.[53]

먼저 왕을 포함한 권력자들이 소테르(구원자)로 공인된 예를 살펴보겠습니다. 헬레니즘 세계에서 '구원자'라는 명칭은, 본래 폴리스가 외적의 위협이나 정치적 위기 상황에 처했을 때 실질적인 군사적·외교적 보호를 제공한 인물에게 부여한 시민적·제의적 명예에서 기원했습니다. 이러한 군주 제의는 단순히 통치권 확보를 위한 정치적 수단을 넘어, 통치자의 위치를 신적인 영역과 연결하는 상징 체계로 작동했습니다.[54] 프톨레마이오스 1세의 경우, 기원전 305/4년 로도스 포위전에서 도시를 지원한 대가로 소테르 칭호를 얻었다는 전승이 파우사니아스를 통해 전해집니다.『그리스 안내기』 1.8.6[55] 그러나 현대 금석문 연구에 따르면, 프톨레마이오스 1세의 재위기에 그를 소테르라는 공식 왕호로 지칭한 동시대 비문이나 파피루스 증거는 확인되지 않습니다.[56]

실제로 "프톨레마이오스 소테로스"(ΠΤΟΛΕΜΑΙΟΥ ΣΩΤΗΡΟΣ) 라는 문구가 기록된 가장 이른 시기의 유물은 프톨레마이오스 2세 재위 23년인 기원전 263/2년에 발행된 은화입니다.[57]

구원자 개념이 국가 이데올로기의 공식적인 부분으로 확립된 것은 프톨레마이오스 2세 치세의 성과였습니다. 그는 기원전 279년경 모친 베레니케 1세 사후, 이미 신격화된 부친과 함께 그들을 '구원자 신들'(θεοὶ σωτῆρες)로 선포하고, 4년 주기의 국가 축제인 '프톨레마이에이아'(Ptolemaieia)를 제정함으로써 이를 국가 제의 체계에 편입시켰습니다.[58]

유사한 양상은 셀레우코스 왕조에도 나타납니다. 안티오코스 1세는 기원전 278년에서 275년 사이 갈라티아인의 위협을 격퇴한 승리를 기념하여 소테르라는 별칭을 얻게 되었습니다.[59] 트랄레스, 페르가몬, 에페소스, 테게아, 스미르나 등 주요 도시들은 경쟁적으로 황제를 소테르로 칭송하고 황제 신전 건설에 나서며 각 도시의 지위를 높이려 했습니다. 이러한 배경에서 요한계시록을 읽으면 새로운 내용이 보일 수 있습니다.[60]

헬레니즘 철학자들 중 스토아 학파는 인간의 감정(παθή, 파테)을 영혼의 질병으로 간주했습니다. 감정을 질병으로 보는 이런 은유적 이해는 철학이 병든 영혼을 '치료'할 수 있다는 점을 강조한 것입니다. 철학자는 '영혼의 의사'로 여겨졌으며, 앞서 살펴본 대로 병의 치유를 소테리아라고 불렀듯이 철학자 주요 관심사는 청중의 치료(소테리아)에 있었습니다.[61] 바울과 거의 동시대 사람인 에픽테토스는 철학자 학교를 병원(ἰατρεῖον)에 비유하며『담화록』3.23.30[62] 철학의 치유적 기능을 강조했습니다. 세네카 역시 철학을 영혼의 약(*medicamenta*)으로 묘사하고,『서간집』75.6[63]

철학자가 영혼의 질병을 치료하는 의사임을 역설했습니다.

철학이 어떻게 영혼의 의사이자 구원자가 될 수 있었을까요? 인간에게 고통을 주고 혼란을 주는 근본 원인은 사물에 대한 그릇된 견해라는 것이 스토아 철학의 근본적 통찰이었습니다. 그러니 우리가 보고 듣는 것이나 사물에 대한 판단을 재검토하고 우리 삶의 행복과 관련이 없거나 행복을 해치는 것을 가려내서 바른 인식을 가지면 외부 요인으로 인한 고통과 혼란에서 벗어날 수 있는 것입니다.

질병과 건강에 대한 이러한 철학적 이해는 신약성서의 목회 서신에서 두드러지게 발견됩니다. 디모데전서 6:4-5에서 거짓 교사들은 논쟁과 분쟁에 관해 병든 상태로 묘사되는데, 여기서 노세오(νοσέω)의 현재 분사형이 사용되어 만성적인 질병 상태를 나타냅니다. 디모데후서 2:17에서 거짓 가르침은 악성 종양 혹은 악성 부스럼(γάγγραινα, 강그라이나)에 비유됩니다. "그들의 가르침은 악성 부스럼처럼 퍼져 나갈 걸세." 고대 그리스의 여러 의사들이 사용한 이 전문 의학 용어는, 헬라어 사전에 따르면 "심각한 염증과 감염성 궤양의 확산을 수반하는 질병" 혹은 "먹어 들어가는 종기, 괴저"를 말합니다.[64] 이러한 질환을 고치는 방법은 하나님의 '구원하시는' 은혜와 '교육'(고대 철학에서도 늘 강조하던 것이 교육입니다)입니다. 디도서 2:10-12은 이렇게 말합니다.

모든 면에서 그들이 우리의 구원자 하나님의 가르침을
돋보이게 장식하도록 하시게. 하나님의 구원하시는 은혜가
모든 사람에게 밝히 드러났기 때문이네. 그 은혜가 우리를

교육하여, 우리가 불경건한 일과 세상에 속한 욕망을
내려놓고, 지금 세대에서 신중하고 의로우며 경건하게
살아가도록 하지. ^{새한글성경}

그리스-로마 세계의 다양한 종교들 중에는 소테리아에 집
중하는 것도 있었고 비교적 관심을 쏟지 않는 것도 있었습니다.
앞서 우리는 간략하게나마 황제 숭배에서 소테르와 소테리아라
는 단어가 어떻게 사용되었는지 살펴보았습니다. 이번에는 좀
더 사적인 종교들을 들여다보겠습니다. 고대 비밀 의식 혹은 밀
의 종교라고 불리는 종교들에 집중하는 것이 좋겠습니다.

고대 밀의 종교와 구원의 언어

그리스-로마 세계에는 공식적인 시민 종교^{civic religion}와 구별되는
다양한 비의^{秘儀} 종교적 의식들이 존재했습니다. 대표적으로 엘
레우시스,^{Eleusis} 사모트라케,^{Samothrace} 디오니소스,^{Dionysus} 그리고 이집
트에서 유입된 이시스^{Isis} 숭배 등이 있었습니다. 이들 밀의^{密意} 종
교는 몇 가지 공통된 특징을 가집니다.

첫째, 비밀 엄수입니다. 입문자는 의식에서 경험한 것을 발
설하는 것이 금지되었습니다. 둘째, 입문자에게 현세의 삶의 개
선과 사후 세계의 안녕을 약속했습니다. 셋째, 이런 혜택은 신과
의 특별한 관계를 맺음으로써 얻을 수 있었습니다. 넷째, 이 종
교들은 기존의 공공 종교를 대체하는 것이 아니라, 선택적으로
덧붙여지는 보충적 성격^{optional supplements}을 띠었습니다.[65] 즉 사람들
은 도시의 공식 신들을 섬기면서, 동시에 개인적 필요에 따라 밀
의 종교에 입문할 수 있었던 것입니다.

이 '종교' 혹은 종교적 행습은 입문자에게 개인적인 변화와 내세의 복을 약속했다는 점에서 매우 흥미롭습니다. 그런데 밀의 종교가 분명 내세의 복을 언급했음에도, 정작 그 상태를 묘사할 때 소테리아라는 단어를 사용하는 빈도는 그리 높지 않으며, 그들이 약속한 것이 꼭 내세의 구원만은 아니었다는 점이 주목할 만합니다.[66] 도대체 이들은 구원이라는 말 없이 어떻게 복을 이야기했을까요?

밀의 종교가 약속한 복은 크게 현세적인 것과 내세적인 것으로 나뉩니다. 흥미롭게도 소테리아라는 단어는 주로 현세적인 위험, 특히 질병이나 항해의 위험으로부터의 보호를 의미할 때 빈번하게 사용되었습니다. 가장 구체적인 예로 사모트라케 비의를 들 수 있습니다. 이 의식의 핵심 목표는 영적인 구원이 아니라 거친 바다에서 물리적 안전이었습니다. 사모트라케의 입문식 마지막 단계에서 입문자들은 '자주색 띠'를 받았습니다. 고대의 주석가들은 신화 속 영웅 오디세우스가 바다의 여신 류코테아에게 받은 베일을 허리에 묶어 폭풍우에서 살아남았다는 이야기를 전하며, 이 자주색 띠가 바로 그 베일과 같은 역할을 했다고 설명합니다. 즉 입문자들에게 주어진 띠는 험한 바다에서 그들을 지켜 주는 일종의 부적이었으며, 여기서 말하는 구원은 명백히 '항해의 안전'을 의미했습니다.[67]

기원후 1-2세기 이탈리아 지역에서 번성했던 이시스 숭배 역시 치유와 회복, 농업의 풍요를 약속했습니다. 2세기의 소설 『황금 당나귀』에서 주인공 루키우스는 이시스 여신의 도움으로 인간의 모습을 되찾을 뿐만 아니라, 변호사로서 경제적인 성공까지 얻게 됩니다.[68] 이처럼 고대 종교에서 소테리아는 죽음 이후의 영혼 구원보다는, 당장 눈앞에 닥친 질병, 폭풍우, 신체적 위기로부터의 '안전'과 '보존'을 의미하는 경우가 지배적이었습니다.

그렇다면 밀의 종교는 사후 세계에 대해 침묵했을까요? 전혀 그렇지 않습니다. 하지만 그들이 내세의 행복을 묘사하는 방식과 용어는 우리가 흔히 생각하는 그리스도교적 의미의 '구원'과는 결이 달랐습니다. 가장 대표적인 엘레우시스 비의를 살펴보겠습니다. 이 의식은 곡물의 여신 데메테르와 그녀의 딸 페르세포네의 신화에 기반을 둡니다. 오늘날 흔히 이 비의가 (그리스도교적 의미에서) 영혼 불멸을 가르쳤다고 여기지만, 실제로는 농업의 풍요를 주로 염두에 두었습니다. 축제의 첫째 날은 페르세포네의 귀환을 통한 비옥함의 보증으로 끝났고, 둘째 날의 절정은 입문자들에게 '잘 익은 밀이삭'을 보여주는 것이었습니다.[69] 즉 엘레우시스 비의가 약속한 사후의 '복됨'($\ddot{o}\lambda\beta\iota\varsigma$)은 추상적인 영혼 구원이라기보다는, 생명의 순환과 농업의 풍요가 죽음 이후에도 이어진다는 믿음에 가까웠습니다. 따라서 여기서도 굳이 소테리아라는 단어를 사용할 필요가 없었습니다.

디오니소스(바쿠스) 비의 역시 독특한 용어를 사용했습니다. 기원전 5세기부터 기원후 2세기까지의 무덤에서 발견된 황금 서판들은 망자가 저승에서 좋은 곳으로 가기 위한 지침을 담고 있습니다. 이 서판들에서 망자는 신에게 자신이 구원받았다고 말하는 대신, "나는 불의한 행위들에 대한 벌과 응보($\pi o\iota\nu\acute{\eta}\nu$)를 이미 치렀다"고 선언합니다. 이는 죄책이 밀의 제의 입문을 통해 해결되었고, 그 후에야 죽은 자가 복된 자들의 거처에 들어갈 수 있었음을 말합니다.[70] 이는 그리스도교적인 은혜로서의 구원이 아니라, 죄에 대한 값을 지불하고 얻어 낸 '해방'의 개념 입니다.

요약하면, 고대 밀의 종교에서 소테리아는 주로 신체적 치유나 안전한 항해(사모트라케의 경우처럼)와 같은 현세적 안녕을 가리키는 데 사용되었습니다. 반면에 사후 세계의 복됨이나 영원한 삶을 묘사할 때는 '농업의 풍요의 지속', '대가 지불', '해방', '정화' 등 다양하고 구체적인 어휘가 사용되었습니다.

이런 역사적 배경은 우리가 신약성서를 이해하는 데 매우 중요한 통찰을 제공합니다. 마태복음과 마가복음에 소테르나 소테리아가 거의 등장하지 않는다는 점은 우연이 아닐 수 있습니다. 당시의 종교적 언어 습관을 고려할 때, 소테리아라는 특정 단어를 사용하지 않고도 종교적으로 복되고 안전한 상태, 곧 '하나님 나라의 복'이나 '죄 사함을 통한 해방'을 묘사하는 것은 충분히 가능하고 자연스러운 일이었기 때문입니다. 고대인에게 구원은 단어 하나에 갇힌 개념이 아니라, 삶과 죽음을 관통하는 총체적인 '복됨'과 '해방'의 경험이었습니다.

초기 유대교의 구원 이해

히브리어에서 구원이라는 개념은 '구출하다, 구제하다'를 의미하는 동사 어근 야샤(ישע)를 중심으로 형성되었습니다. 이 용어는 물리적 위험으로부터의 구제, 군사적 승리, 그리고 인간의 역사에 대한 신적 개입을 포괄합니다. 칠십인역에서 소테르는 야샤를 비롯한 동족 어휘와 그 밖에 다른 단어(예를 들어 샬롬)를 번역하는 데 사용되었습니다.[7] 칠십인역은 때때로 샬롬을 소테리아로 번역하여 평화/온전함과 구원 사이에 개념적 중첩이 있었음을 보여줍니다. 이는 구원이 하나님이 정하신 온전함의 상태로의 복귀로 이해되었음을 시사합니다. 예수라는 이름 자체는 '야훼는 구원이시다'를 의미하는 히브리어 여호수아/예호슈아(יהשע)에서 파생되었습니다. 구약성서는 일관되게 하나님(야훼)만을 궁극적인 구원자(σωτήρ)로 선언합니다.

기원전 5세기부터 기원후 1세기까지, 곧 제2성전기 유대인들에게 헬라어 소테리아와 소조는 생존과 희망을 담은 다면적인 언어로 사용되었습니다. 먼저 그들에게 구원은 지극히 현실적인 문제였습니다. 외세의 압제로부터의 정치적 해방이 갈급했기 때문입니다. 예를 들어 마카베오서는 하나님의 구원을 정치적 해방과 종교적 회복을 포함하는 총체적 개념으로 이해합니다. 마카베오 2서 2:17은 "하나님이 그의 모든 백성을 구원하셨다"(ἔσωσεν ὁ θεὸς τὸν λαὸν αὐτοῦ πάντα)고 선언하며, 15장은 하나님의 구원을 "하늘로부터의 도움"과 "전능자의 현현"으로 묘사합니다. 이는 하나님이 직접 역사에 개입하여 구원을 실행하는 주체임을 강조합니다. 특히 출애굽 사건은 늘 유대인들의 구원 갈망을 지탱해 온 마르지 않는 샘이었습니다.

그렇다고 해서 유대교를 '구원의 종교'로 간주하는 것은 좀 부적절할 수 있습니다. 유대인들에게 가장 중요한 신념은 하나님에게 선택받은 백성이라는 정체성과 언약 개념이었습니다. 넓게 보면 언약이라는 개념 안에 구원이 포함되어 있지만, 유대인들은 구원을 얻기 위해 하나님을 믿는 것이 아니었습니다. 그들은 하나님의 은혜로운 선택(언약)으로 '구원의 울타리' 안에 들어왔고, 율법(토라)에 순종함으로써 그 안에 머무른다고 믿었습니다. 율법을 지키는 것은 하나님의 은혜로운 선택에 대한 감사의 응답이자, 하나님의 백성답게 살기 위한 노력이었습니다.[72] 언약에 신실하게 행동하시는 하나님이기에 소테르이고, 그분의 행동은 소테리아가 되었습니다. 모두 이스라엘이라는 민족 집단과 결부된 개념입니다. 칠십인역 시편 12:1의 "주여, 구원하소서"(σῶσον κύριε, 소손 키리에)라는 간구나, 65편에서 하나님을 "우리 구원(σωτηρία)의 소망"으로 찬양하는 것은 하나님과 이스라엘의 언약 관계 안에서 이해해야 합니다.

신약성서의 구원 이해

신약성서는 소테리아라는 주제에 대해 결코 단선적인 음색을 내지 않습니다. 신약성서 각 권은 저마다 다른 음색을 더해 소테리아를 풍성한 화음으로 만듭니다. 초기 그리스도교 공동체는 예수 그리스도를 통해 체험한 구원의 압도적인 신비를 인간의 언어로 온전히 담아낼 수 없음을 직감했던 것 같습니다. 그래서 각자의 신학적 통찰과 공동체의 특수한 정황 가운데 소테리아가 가진 넓고 풍부한 의미의 스펙트럼에서 다채로운 은유와 신학적 상징을 길어 올렸습니다.

또 하나 중요한 점이 있습니다. 우리는 '그리스도교=구원의 종교'라는 도식적인 생각을 가지고 있지만, 신약성서를 이루는 27권 중에는 소테리아라는 단어가 아예 나오지 않는 책/편지가 생각보다 많습니다. 소테리아 외에 다른 용어를 사용하여 하나님의 은혜로운 구속 행위를 설명하고 묘사했던 것이지요. 소테리아가 등장하지 않는 신약성서 책으로는, 마태복음, 마가복음, 고린도전서, 갈라디아서, 골로새서, 디모데전서, 디도서, 빌레몬서, 야고보서, 요한1서, 요한2서, 요한3서 등 총 12권이나 됩니다.

　간단한 예를 보겠습니다. 마태복음과 마가복음에는 동사 소조가 나오지만 명사 소테르/소테리아는 나오지 않습니다. 다른 용어와 은유를 사용하여 '구원'을 설명했기 때문입니다. 한편, 누가복음과 사도행전에는 소테리아와 소테르, 소조가 골고루 빈번하게 등장합니다. 이는 누가가 소테리아라는 주제를 자신의 신학 서술의 중심축으로 삼았음을 명백히 보여줍니다.

　이처럼 신약성서의 저자들은 죄 용서와 하나님 나라(마태), 사탄적 세력으로부터의 해방과 전인적 회복(마가), '오늘' 역사 안으로 들어온 총체적 해방(누가), 그리고 영원한 생명이라는 새로운 정체성(요한)과 칭의를 통한 그리스도와의 연합(바울)에 이르기까지, 저마다의 신학적 언어로 구원의 지평을 열어 보였습니다. 이 모든 음색은 결국 예수 그리스도라는 하나의 근원을 향해 수렴됩니다.

　구원을 죽음 이후의 문제로만 이해하는 것은 신약성서의 풍성한 구원 이해를 놓치는 일입니다. 소테리아는 바로 지금 여기, 우리의 삶 속에서 시작되는 하나님의 해방 이야기라는 점이 더 강조되어야 합니다. 이 위대한 구원의 교향곡 속에서 우리 자신의 삶을 재해석하고, 그 풍성한 화음에 동참하여 세상 속에서 살아가는 것이 진정한 소테리아를 누리는 삶일 것입니다.

주

들어가며

1   Donald J. Mastronarde, *Introduction to Attic Greek*, 2nd ed. (Berkeley: University of California Press, 2013), 1

2   Heinrich von Siebenthal, *Ancient Greek Grammar for the Study of the New Testament* (Oxford: Peter Lang, 2019), 1.

3   Mastronarde, *Introduction to Attic Greek*, 3.

4   von Siebenthal, *Ancient Greek Grammar*, 1.

5   Mastronarde, *Introduction to Attic Greek*, 2.

6   Mastronarde, *Introduction to Attic Greek*, 2.

7   von Siebenthal, *Ancient Greek Grammar*, 2.

8   von Siebenthal, *Ancient Greek Grammar*, 2.

9   von Siebenthal, *Ancient Greek Grammar*, 3.

10   Mastronarde, *Introduction to Attic Greek*, 3.

11   von Siebenthal, *Ancient Greek Grammar*, 3.

12   사실 헬라어 공용어의 씨앗은 이보다 훨씬 앞서 뿌려졌다는 견해가 있습니다. 기원전 478/7년에 페르시아에 맞서 결성된 아티카 해상동맹은 아테네의 정치적·상업적 영향력을 넓혔고, 그 결과 아티카 방언이 다른 지역에서도 위상을 높여 갔습니다. Friedrich Blass and Albert Debrunner, *Grammatik des neutestamentlichen Griechisch*, 19th ed., ed. Friedrich Rehkopf (Göttingen: Vandenhoeck & Ruprecht, 2020), §2.

13   Blass and Debrunner, *Grammatik*, §2.

14   von Siebenthal, *Ancient Greek Grammar*, 4.

15 Blass and Debrunner, *Grammatik*, §4.

16 Blass and Debrunner, *Grammatik*, §3.

17 Constantine R. Campbell, *Advances in the Study of Greek: New Insights for Reading the New Testament* (Grand Rapids: Zondervan Academic, 2015), 30–32.

18 Adolf Deissmann, *Neue Bibelstudien: Sprachgeschichtliche Beiträge, zumeist aus den Papyri und Inschriften, zur Erklärung des Neuen Testaments* (Marburg: Elwert, 1897); *Licht vom Osten. Das Neue Testament und die neuentdeckten Texte der hellenistisch-römischen Welt* (Tübingen: J.C.B. Mohr, 1908). 21세기에도 헬라어 파피루스 연구는 계속되고 있습니다. 옥시린코스 파피루스(Oxyrhynchus Papyri) 시리즈는 최근 수십 년간 꾸준히 출간되고 있으며, 이 과정에서 초기 그리스도교 관련 문헌 조각들도 지속적으로 소개되고 있습니다.

19 James Barr, *The Semantics of Biblical Language* (Oxford: Oxford University Press, 1961).

20 K. L. McKay, *A New Syntax of the Verb in New Testament Greek: An Aspectual Approach* (New York: Peter Lang, 1994).

21 Walter Bauer, *A Greek-English Lexicon of the New Testament and Other Early Christian Literature*, 3rd ed., ed. Frederick William Danker (Chicago: University of Chicago Press, 2000).

22 Franco Montanari, *The Brill Dictionary of Ancient Greek*, ed. Madeleine Goh and Chad Schroeder (Leiden: Brill, 2015).

23 James Diggle et al., eds., *The Cambridge Greek Lexicon*, 2 vols. (Cambridge: Cambridge University Press, 2021).

24 Takamitsu Muraoka, *A Greek-English Lexicon of the Septuagint* (Louvain: Peeters, 2009).

25 Evert van Emde Boas, Albert Rijksbaron, Luuk Huitink, and Mathieu de Bakker, *The Cambridge Grammar of Classical Greek* (Cambridge: Cambridge University Press, 2019).

26 von Siebenthal, *Ancient Greek Grammar for the Study of the New Testament*.

1. 존재의 전복

1 J. E. Lendon, *Empire of Honour: The Art of Government in the Roman World* (Oxford: Clarendon Press, 1997), 36.

2 Lendon, *Empire of Honour*, 25–26, 64 n.169, 167.

3 Lendon, *Empire of Honour*, 37.

4 Bruce J. Malina, *The New Testament World: Insights from Cultural Anthropology*, 3rd ed. (Louisville: Westminster John Knox Press, 2001), 30.

5 Zeba A. Crook, "Honor, Shame, and Social Status Revisited," *Journal of Biblical Literature* 128, no. 3 (2009): 593.

6 Suetonius, *Divus Claudius* 18.2, trans. J. C. Rolfe, Loeb Classical Library 38 (Cambridge, MA: Harvard University Press, 1914), 34–35 (18.2).

7 Lendon, *Empire of Honour*, 123.

8   Lendon, *Empire of Honour*, 51.

9   Crook, "Honor, Shame, and Social Status Revisited," 599, 604–605.

10   Plutarch, *Mulierum Virtutes* 254B, 257D. Crook, "Honor, Shame, and Social Status Revisited," 605에서 재인용.

11   Cassius Dio, *Roman History*, in *Roman History*, vol. 9, trans. Ernest Cary, Loeb Classical Library 177 (Cambridge, MA: Harvard University Press, 1927), 384–385 (79.20.2–3).

12   Aeschylus, *Oresteia: Agamemnon. Libation-Bearers. Eumenides*, ed. and trans. Alan H. Sommerstein, Loeb Classical Library 146 (Cambridge, MA: Harvard University Press, 2008), 242–245.

13   참고. Crook, "Honor, Shame, and Social Status Revisited," 598.

14   J. Louis Martyn, *Galatians: A New Translation with Introduction and Commentary*, Anchor Bible 33A (New York: Doubleday, 1997), 412–413.

15   Martinus de Boer, *Galatians: A Commentary* (New Testament Library; Louisville: Westminster John Knox, 2011), 273.

16   류영모, 『다석 강의』, 다석학회 엮음 (교양인, 2016), 99.

17   F. F. Bruce, *Commentary on Galatians* (NIGTC; Grand Rapids: Eerdmans, 1982), 202.

18   Brian S. Rosner, "'Known by God': The Meaning and Value of a Neglected Biblical Concept," *Tyndale Bulletin* 59 (2008): 229.

19   Dietrich Bonhoeffer, *Widerstand und Ergebung: Briefe und Aufzeichnungen aus der Haft*, ed. E. Bethge (München: Christian Kaiser, 1964), 243. Rosner, "'Known by God'," 225에서 재인용.

20   브루스 M. 메츠거, 『신약성경 헬라어 단어집』, 류근상 옮김 (크리스챤출판사, 2003), 77.

21   Walter Bauer, *A Greek-English Lexicon of the New Testament and Other Early Christian Literature*, ed. Frederick William Danker, 3rd ed. (Chicago: University of Chicago Press, 2000), s.v. ἀγαπητός. 이 사전은 워낙 유명하고 제목이 길어서 흔히 BDAG이라는 약자를 써서 부릅니다. 이 책에서도 BDAG으로 부릅니다.

22   BDAG, s.v. κλητός. Montanari, *Brill Dictionary*, s.v. κλητός.

23   Michael Wolter, *Der Brief an die Römer, Teilband 1: Röm 1-8*, EKK VI/1 (Göttingen: Vandenhoeck & Ruprecht, 2014), 96–97.

24   Michael Wolter, *Paul: An Outline of His Theology*, trans. Robert L. Brawley (Waco, TX: Baylor University Press, 2015), 294–295.

25   Wolter, *Der Brief an die Römer, Teilband 1: Röm 1-8*, 95–96.

26   존 M. G. 바클레이, 『바울과 은혜의 능력』, 김형태 옮김 (감은사, 2021), 337–341.

27   Wolter, *Paul: An Outline of His Theology*, 384–388.

28   John W. Martens, "Methodology: Who Is a Child and Where Do We Find Children in the Greco-Roman World?," in *T&T Clark Handbook of Children in the Bible and the Biblical World*, ed. Sharon Betsworth and Julie Faith Parker (London: Bloomsbury T&T Clark, 2019), 225–226, 236.

29   Martens, "Methodology," 230–232. Thomas A. J. McGinn, "Roman Children and the Law," in *The Oxford Handbook of Childhood and Education in the Classical World*, ed. Judith Evans

Grubbs and Tim Parkin (Oxford: Oxford University Press, 2013), 342.

30 Janette McWilliam, "The Socialization of Roman Children," in *The Oxford Handbook of Childhood and Education in the Classical World*, ed. Judith Evans Grubbs and Tim Parkin (Oxford: Oxford University Press, 2013), 269.

31 McWilliam, "The Socialization of Roman Children," 271–273.

32 Tim Parkin, "The Demography of Infancy and Early Childhood in the Ancient World," in *The Oxford Handbook of Childhood and Education in the Classical World*, ed. Judith Evans Grubbs and Tim Parkin (Oxford: Oxford University Press, 2013), 42, 49.

33 크리스토퍼 켈리, 『로마 제국』, 이지은 옮김 (교유서가, 2015), 186–187. 자세한 자료 분석은 권위 있는 학술서인 Roger Bagnall and Bruce Frier, *The Demography of Roman Egypt* (Cambridge, 1994) 참고.

34 Parkin, "The Demography of Infancy and Early Childhood in the Ancient World," 45.

35 Parkin, "The Demography of Infancy and Early Childhood in the Ancient World," 48.

36 Judith Evans Grubbs, "Infant Exposure and Infanticide," in *The Oxford Handbook of Childhood and Education in the Classical World*, ed. Judith Evans Grubbs and Tim Parkin (Oxford: Oxford University Press, 2013), 87, 91, 94, 102.

37 Grubbs, "Infant Exposure and Infanticide," 85.

38 Carolyn Osiek, "The New Testament Teaching on Family Matters," HTS Teologiese Studies/ Theological Studies 62 (2006): 827.

39 Osiek, "The New Testament Teaching on Family Matters," 827, n. 6.

40 대표적 예를 들면, Joel Marcus, Mark 8–16: A New Translation with Introduction and Commentary (Anchor Yale Bible: New Haven: Yale University Press, 2009), 675, 682.

41 Eva Marie Lassen, "The Roman Family: Ideal and Metaphor," in *Constructing Early Christian Families: Family as Social Reality and Metaphor* ed. Halvor Moxnes (London: Routledge, 1997), 104–105.

42 Grubbs, "Infant Exposure and Infanticide," 95, 100.

43 Judith M. Gundry, "Children in the Gospel of Mark, with Special Attention to Jesus' Blessing of the Children (Mark 10:13–16) and the Purpose of Mark," in *The Child in the Bible*, ed. Marcia J. Bunge, Terence E. Fretheim, and Beverly R. Gaventa (Grand Rapids: Eerdmans, 2008), 156.

44 위의 책.

45 Joel Marcus, *Mark 8-16: A New Translation with Introduction and Commentary*, Anchor Yale Bible 27A (New Haven: Yale University Press, 2009), 808–809.

46 Marcus, *Mark 8-16*, 809.

47 대표적 연구로는 Joachim Jeremias, "Κεφαλὴ γωνίας—Ἀκρογωνιαῖος," *Zeitschrift für die Neutestamentliche Wissenschaft* (ZNW) 29 (1930): 264–280. 또한 다음 주석도 참고. Thomas Söding, *Das Evangelium nach Markus*. Theologischer Handkommentar zum Neuen Testament 2. (Leipzig: Evangelische Verlagsanstalt, 2022), 335.

48 Marcus, *Mark 8-16*, 809.

2. 관계와 윤리

1   Aristotle, *Nicomachean Ethics*, translated by H. Rackham, Loeb Classical Library 73 (Cambridge, MA: Harvard University Press, 1934), 30–33, 560–563.

2   Frederic M. Schroeder, "Friendship in Aristotle and Some Peripatetic Philosophers," in *Greco-Roman Perspectives on Friendship*, ed. John T. Fitzgerald (Atlanta: Scholars Press, 1997), 41, 56.

3   Aristotle, *Nicomachean Ethics*, translated by H. Rackham, Loeb Classical Library 73 (Cambridge, MA: Harvard University Press, 1934), 554–555 (9.8.9, 1169a18–20).

4   Diogenes Laertius, *Lives of Eminent Philosophers*, vol. 2, trans. R. D. Hicks, Loeb Classical Library 185 (Cambridge, MA: Harvard University Press, 1925), 646–647 (10.121).

5   Plato, Lysis. *Symposium. Phaedrus*, ed. and trans. Christopher Emlyn-Jones and William Preddy, Loeb Classical Library 166 (Cambridge, MA: Harvard University Press, 2022), 164–165 (179b).

6   Ronald F. Hock, "An Extraordinary Friend in Chariton's Callirhoe," in *Greco-Roman Perspectives on Friendship*, ed. John T. Fitzgerald (Atlanta: Scholars Press, 1997), 148–149, 151–152.

7   John T. Fitzgerald, "Christian Friendship: John, Paul, and the Philippians," *Interpretation* 61, no. 3 (2007): 290.

8   Plutarch, *Moralia*, vol. 1, trans. Frank Cole Babbitt, Loeb Classical Library 197 (Cambridge, MA: Harvard University Press, 1927), 278–279, 326–327. Gail R. O'Day, "Jesus as Friend in the Gospel of John," *Interpretation* 58, no. 2 (2004): 147에서 재인용.

9   Benjamin Fiore, S.J., "The Theory and Practice of Friendship in Cicero," in *Greco-Roman Perspectives on Friendship*, ed. John T. Fitzgerald (Atlanta: Scholars Press, 1997), 62, 65에서 재인용.

10 Udo Schnelle, *Das Evangelium nach Johannes*, Theologischer Handkommentar zum Neuen Testament 4 (Leipzig: Evangelische Verlagsanstalt, 1998), 236.

11 O'Day, "Jesus as Friend," 150.

12 O'Day, "Jesus as Friend," 157.

13 O'Day, "Jesus as Friend," 153.

14 O'Day, "Jesus as Friend," 154–55. Michael Rydryck, "Vom Knecht zum Freund: Aspekte der Freundschaft im Johannesevangelium," in *Freundschaft in den Texten und Kontexten des Neuen Testaments*, Blauth, Dominic, Michael Hölscher, and Michael Rydryck, eds. (Göttingen: Vandenhoeck & Ruprecht, 2023), 256–257.

15 Michael Rydryck, "Vom Knecht zum Freund: Aspekte der Freundschaft im Johannesevangelium," in *Freundschaft in den Texten und Kontexten des Neuen Testaments*, 260.

16 Fitzgerald, "Christian Friendship," 285.

17 Fitzgerald, "Christian Friendship," 285.

18 Fitzgerald, "Christian Friendship," 285–286

19 Schnelle, *Das Evangelium nach Johannes*, 237.

20 O'Day, "Jesus as Friend," 148.

21 Alan C. Mitchell, "'Greet the Friends by Name': New Testament Evidence for the Greco-Ro-

man Topos on Friendship," in *Greco-Roman Perspectives on Friendship*, ed. John T. Fitzgerald (Atlanta: Scholars Press, 1997), 248–249, 252–254.

22 Charles L. Griswold, *Forgiveness: A Philosophical Exploration* (Cambridge: Cambridge University Press, 2007), 47–52과 David Konstan, *Before Forgiveness: The Origins of a Moral Idea* (New York: Cambridge University Press, 2010), 2–13을 요약한 내용입니다.

23 David Konstan, *Before Forgiveness: The Origins of a Moral Idea* (New York: Cambridge University Press, 2010), ix–x.

24 Konstan, *Before Forgiveness*, ix, 21–22.

25 David Konstan, *Before Forgiveness*, ix–x, 23–26; Robert A. Kaster, *Emotion, Restraint, and Community in Ancient Rome* (Oxford: Oxford University Press, 2005), 80–81.

26 Konstan, *Before Forgiveness*, 11.

27 Kathryn Gutzwiller, "All in the Family: Forgiveness and Reconciliation in New Comedy," in *Ancient Forgiveness: Classical, Judaic, and Christian* ed. Charles L. Griswold and David Konstan (Cambridge: Cambridge University Press, 2012), 48. (『니코마코스 윤리학』, 1143a23–24); Konstan, *Before Forgiveness*, 28–29, 32.

28 Aristotle, *Nicomachean Ethics* 3.1, trans. H. Rackham, Loeb Classical Library 73 (Cambridge, MA: Harvard University Press, 1926), 116–117 (1109b30–1110a12).

29 Demosthenes, *On the Crown (De Corona)*, trans. C. A. Vince and J. H. Vince, Loeb Classical Library 155 (Cambridge, MA: Harvard University Press; London: William Heinemann, 1926), 198–199 (18.274–276).

30 Thucydides, *History of the Peloponnesian War*, vol. 2, *Books 3-4*, trans. Charles Forster Smith, Loeb Classical Library 109 (Cambridge, MA: Harvard University Press, 1920), 66–67 (3.40.1).

31 Gutzwiller, "All in the Family," 48; Konstan, *Before Forgiveness*, 28–29, 32.

32 *P.Tebt.* I 5, lines 2–4, in *The Tebtunis Papyri*, Part 1, ed. Bernard P. Grenfell, Arthur S. Hunt, and J. Gilbart Smyly (London: Henry Frowde, Oxford University Press, 1902), 14.

33 Rudolf Bultmann, "ἀφίημι, ἄφεσις," in *Theological Dictionary of the New Testament*, ed. Gerhard Kittel, trans. Geoffrey W. Bromiley, vol. 1 (Grand Rapids: Eerdmans, 1964), 509–510. 참고. 게리 A. 앤더슨, 『죄의 역사』, 김명희 옮김 (비아토르, 2021), 24–26, 326.

34 Hans Dieter Betz, *The Sermon on the Mount: A Commentary on the Sermon on the Mount*, ed. Adela Yarbro Collins, Hermeneia (Minneapolis: Fortress Press, 1995), 400–404.

35 이 구절은 P75와 바티칸 사본(B) 등 초기 유력 사본에는 빠져 있어 후대 삽입 가능성이 제기되었습니다. 그러나 삽입이든 원본이든, 이 구절은 초기 그리스도교의 용서 이해를 보여주는 귀중한 증거입니다.

36 Michael Wolter, *The Gospel according to Luke: Volume II, Luke 9:51-24*, trans. Wayne Coppins and Christoph Heilig (Waco, TX: Baylor University Press, 2021), 524–525.

37 Jennifer Wright Knust, "Jesus' Conditional Forgiveness," in *Ancient Forgiveness*, 180–182.

38 Michael L. Morgan, "Mercy, Repentance, and Forgiveness in Ancient Judaism," in *Ancient Forgiveness*, 156–157.

39 고대 헬라어나 라틴어에서 (세속적이든 종교적이든) 어떤 명제나 내용에 대한 믿음

을 가리킬 때는 피스티스보다는 '생각하다, 간주하다'를 의미하는 다른 단어들을 주로 사용했습니다. 예를 들면 도케인(δοκεῖν, 생각하다/~처럼 보이다/판단하다)이나 노미제인(νομίζειν, 믿다/관습으로 여기다/승인하다) 등이 있습니다. Teresa Morgan, *Roman Faith and Christian Faith: Pistis and Fides in the Early Roman Empire and Early Churches* (Oxford: Oxford University Press, 2015), 30, 75.

40 Morgan, *Roman Faith and Christian Faith*, 3, 30, 444.

41 Morgan, *Roman Faith*, 19, 273.

42 Benjamin Schliesser, "Faith in Early Christianity: An Encyclopedic and Bibliographical Outline," in *Glaube: Das Verständnis des Glaubens im frühen Christentum und in seiner jüdischen und hellenistisch-römischen Umwelt*, ed. J. Frey, N. Ueberschaer, and B. Schliesser (Tübingen: Mohr Siebeck, 2017), 13–14. 국가 간 관계와 군사 문제에서도 중요한 덕목이었습니다. Morgan, *Roman Faith*, 48, 83.

43 Morgan, *Roman Faith*, 197, 210.

44 Morgan, *Roman Faith*, 206–207.

45 Morgan, *Roman Faith*, 354–355.

46 Morgan, *Roman Faith*, 220–223.

47 Morgan, *Roman Faith*, 226. E. P. Sanders, "Did Paul's Theology Develop?," in *The Word Leaps the Gap: Essays on Scripture and Theology in Honor of Richard B. Hays*, ed. J. Ross Wagner, C. Kavin Rowe, and A. Katherine Grieb (Grand Rapids, MI: Wm. B. Eerdmans Publishing Co., 2008), 325–350, 특히 346.

48 Peter Oakes, "Pistis as Relational Way of Life in Galatians," *Journal for the Study of the New Testament* 40 (2018): 255–275, 특히 268–269.

49 Plutarch, *Moralia*, vol. II, *De virtute et vitio*, trans. Frank Cole Babbitt, Loeb Classical Library 222 (Cambridge, MA; London: Harvard University Press; William Heinemann, 1928), 100–101.

50 이 글에서 자족에 대한 자세한 군사적·정치적·철학적 의미 정리는 John H. P. Reumann, *Philippians: A New Translation with Introduction and Commentary*, The Anchor Yale Bible 33B (New Haven and London: Yale University Press, 2008), 651–653을 바탕으로 했습니다.

51 이러한 '스토아적' 해석에 반대하는 학자도 있습니다. Ryan S. Schellenberg, *Abject Joy: Paul, Prison, and the Art of Making Do* (New York: Oxford University Press, 2021).

52 Paul A. Holloway, *Philippians: A Commentary*, Hermeneia: A Critical and Historical Commentary on the Bible (Minneapolis: Fortress Press, 2017), 187.

53 Philo, *De virtutibus* 9, trans. F. H. Colson, in *Philo*, vol. 8, Loeb Classical Library 341 (Cambridge, MA: Harvard University Press, 1939), 168–169.

54 Michael Wolter, *Der Brief an die Römer: Teilband 2: Röm 9-16*, EKK VI/2 (Göttingen: Vandenhoeck & Ruprecht, 2019), 246.

55 James D. G. Dunn, *Romans 9-16*, WBC 38B (Dallas: Word, 1988), 714.

56 Robert Jewett, *Romans: A Commentary* (Hermeneia; Minneapolis, MN: Fortress Press, 2006), 733.

57 Dunn, *Romans 9-16*, 714.

58 Wolter, *Der Brief an die Römer, Röm 9-16*, 259.

59 Gaventa, *Romans*, 338.

60 칼뱅은 "삶의 모든 활동"이라고 풀어서 설명했습니다. Wolter, *Der Brief an die Römer, Röm 9-16*, 252에서 재인용.

3. 하나님과 예수의 '감정'

1 David Konstan, *The Emotions of the Ancient Greeks: Studies in Aristotle and Classical Literature* (Toronto: University of Toronto Press, 2006), 47–48, 186–187.

2 David Konstan, "Anger, Hatred, and Genocide in Ancient Greece," *Common Knowledge* 13, no. 1 (Winter 2007): 171에서 재인용.

3 Konstan, *The Emotions of the Ancient Greeks*, 185–188.

4 Konstan, "Anger, Hatred, and Genocide," 177–178, 181–182; Konstan, *Emotions*, 190–191.

5 Hans–Josef Klauck, *Der erste Johannesbrief*, EKK, Bd. 23/1 (Zürich: Benziger; Neukirchen–Vluyn: Neukirchener Verlag, 1991), 125, 128.

6 Judith M. Lieu, *The Theology of the Johannine Epistles*, New Testament Theology (Cambridge: Cambridge University Press, 1991), 70.

7 Klauck, *Der erste Johannesbrief*, 275.

8 Lieu, *The Theology of the Johannine Epistles*, 53–54.

9 D. L. Cairns, "Ethics, Ethology, Terminology: Iliadic Anger and the Cross–Cultural Study of Emotion," in *Ancient Anger: Perspectives from Homer to Galen*, ed. Susanna Braund and Glenn W. Most (Cambridge: Cambridge University Press, 2003), 13; David Konstan, "Aristotle on Anger and the Emotions: The Strategies of Status," in *Ancient Anger*, 104.

10 David Konstan, *The Emotions of the Ancient Greeks: Studies in Aristotle and Classical Literature* (Toronto: University of Toronto Press, 2006), 27–28.

11 이러한 측면을 가장 부각시킨 책은 Martha C. Nussbaum, *The Therapy of Desire: Theory and Practice in Hellenistic Ethics* (Princeton: Princeton University Press, 1994).

12 Aristotle, *On Rhetoric: A Theory of Civic Discourse*, trans. George A. Kennedy (New York: Oxford University Press, 1991), 124 (Rhet. 2.2.1, 1378a31–33).

13 Kennedy, On Rhetoric, 116, n. 6.

14 Aristotle, Rhet. 2.2.6, 1378b23–30.

15 H. S. Versnel, "Beyond Cursing: The Appeal to Justice in Judicial Prayers," in *Magika Hiera: Ancient Greek Magic and Religion*, ed. Christopher A. Faraone and Dirk Obbink (Oxford: Oxford University Press, 1991), 60–106.

16 Christopher A. Faraone, "*Thumos* as Masculine Ideal and Social Pathology in Ancient Greek Magical Spells," in *Ancient Anger: Perspectives from Homer to Galen*, ed. Susanna Braund and Glenn W. Most (Cambridge: Cambridge University Press, 2003), 147.

17 Aristotle, *Rhet.* 2.4.31, 1382a12–15. 아리스토텔레스 수사학에서 분노에 대한 더욱

자세한 분석은 David Konstan, "Aristotle on Anger and the Emotions: The Strategies of Status," in *Ancient Anger: Perspectives from Homer to Galen*, ed. Susanna Braund and Glenn W. Most (Cambridge: Cambridge University Press, 2003), 99–120.

18   James D. G. Dunn, *Romans 1-8*, Word Biblical Commentary 38A (Dallas: Word, 1988), 55.

19   참고. Thomas Söding, *Das Evangelium nach Markus*, Theologischer Handkommentar zum Neuen Testament (Leipzig: Evangelische Verlagsanstalt, 2022),183, 195–199; Joel Marcus, *Mark 1–8*, Anchor Yale Bible 27 (New Haven: Yale University Press, 2000), 406, 417.

20   Helmut Köster, "σπλάγχνον, σπλαγχνίζομαι, εὔσπλαγχνος, πολύσπλαγχνος, ἄσπλαγχνος," in *Theological Dictionary of the New Testament*, ed. Gerhard Kittel, Geoffrey W. Bromiley, and Gerhard Friedrich (Grand Rapids: Eerdmans, 1964–), 7:548–549.

21   Köster, *TDNT* 7:548–549.

22   Köster, *TDNT* 7:548–549.

23   Köster, *TDNT* 7:549–550.

24   Köster, *TDNT* 7:550–551.

25   Köster, *TDNT* 7:551.

26   Köster, *TDNT* 7:552.

27   Söding, *Markus*, 183; Marcus, *Mark 1–8*, 417.

28   Hans–Josef Klauck, *Der erste Johannesbrief*, 212.

29   참고. Söding, *Markus*, 183, 195–196; Marcus, *Mark 1–8*, 417; Köster, *TDNT* 7:553–555.

4. 종말과 시간

1   직설법 시제가 의미론적으로 시제(tense)를 내포하는지에 대해 현대 학자들 사이에 치열한 논쟁이 있었습니다. 이 글은 복잡한 논쟁을 대표하는 여러 학자들의 견해를 소개하는 대신, 최근에 출판된 고전기 헬라어와 코이네 헬라어의 대표적인 표준 문법서를 기준으로 설명합니다. Evert van Emde Boas, Albert Rijksbaron, Luuk Huitink, and Mathieu de Bakker, *The Cambridge Grammar of Classical Greek* (Cambridge: Cambridge University Press, 2019), 404–405; Heinrich von Siebenthal, *Ancient Greek Grammar for the Study of the New Testament* (Oxford: Peter Lang, 2019), 341.

2   Van Emde Boas et al.,*Cambridge Grammar*, 405 (§33.3); von Siebenthal, *Ancient Greek Grammar*, 307 (§193a).

3   Von Siebenthal, *Ancient Greek Grammar*, 341–343 (§206).

4   Van Emde Boas et al., *Cambridge Grammar*, 405 (§33.4).

5   Van Emde Boas et al., *Cambridge Grammar*, 405–406 (§33.6–33.7).

6   Von Siebenthal, *Ancient Greek Grammar*, 307 (§193a); van Emde Boas et al., *Cambridge Grammar*, 404–405 (§33.2–33.3).

7   Van Emde Boas et al., *Cambridge Grammar*, 419–420 (§33.34). 하지만 완료 분사가 나타
     내는 내용은 완료 직설법과 차이가 있습니다. 완료 직설법은 '현재 시제'로 분류
     되어 시간을 명확히 나타내지만, 완료 분사는 절대적인 시간을 표현하지 않습니
     다. 완료상을 두고 여전히 뜨거운 논쟁이 계속되는 중입니다. 더 알고 싶은 독자
     들에게 이 책을 추천합니다. D. A. Carson, ed., *The Perfect Storm: Critical Discussion of the
     Semantics of the Greek Perfect Tense Under Aspect Theory*, Studies in Biblical Greek, vol. 21 (New
     York: Peter Lang, 2021).

8   Van Emde Boas et al., *Cambridge Grammar*, 422 (§33.37).

9   Michael Wolter, *Paul: An Outline of His Theology*, trans. Robert L. Brawley (Waco, TX: Baylor Uni-
     versity Press, 2015), 107, 115.

10   Christopher M. Tuckett, *Galatians, International Critical Commentary* (London: T&T Clark, 2024),
     327.

11   마이클 J. 고먼, 『십자가 형태의 하나님 안에 살다: 바울의 구원론이 말하는 케노
     시스, 칭의, 테오시스』, 최현만 옮김 (IVP, 2024).

12   Margaret M. Mitchell, "Mark, the Long–Form Pauline Gospel," in *Modern and Ancient Liter-
     ary Criticism of the Gospels: Continuing the Debate on Gospel Genre(s)*, ed. Robert Matthew Cal-
     houn, David P. Moessner, and Tobias Nicklas, Wissenschaftliche Untersuchungen zum Neuen
     Testament 451 (Tübingen: Mohr Siebeck, 2020), 209.

13   Evert van Emde Boas et al., *Cambridge Grammar of Classical Greek* (Cambridge: Cambridge Univer-
     sity Press, 2019), 417.

14   Heinrich von Siebenthal, Ancient Greek Grammar (Oxford: Peter Lang, 2019), 325.

15   von Siebenthal, *Ancient Greek Grammar*, 325.

16   플라톤, 『티마이오스』, 박종현·김영균 옮김(서광사, 2000), 194.

17   Seneca, *Epistles*, Volume I: *Epistles 1-65*, trans. Richard M. Gummere, Loeb Classical Library
     75 (Cambridge, MA: Harvard University Press, 1917), 22–25 (Ep. 5.7–9).

18   참고. Mark Edward Clark, "*Spes* in the Early Imperial Cult: 'The Hope of Augustus'," *Numen*
     30.1 (1983): 80–105.

19   James D. G. Dunn, *Romans 1-8*, Word Biblical Commentary 38A (Dallas: Word, 1988), 475.

20   BDR 문법서는 이를 '보다 자유로운 의미의 연관 여격'(freierer Dative sociativus) 혹은
     '양태'(modi)로 분류하며, 동작에 수반되는 상황을 나타낸다고 설명합니다. 하
     인리히 폰 지벤탈(Heinrich von Siebenthal) 역시 이 여격을 '어떻게'(How) 또는 '어떠
     한 부대 상황하에서'(Under what attendant circumstances)라는 물음에 답하는 '양태의 여
     격'(Dative of manner)으로 정의합니다. Friedrich Blass, Albert Debrunner, and Friedrich Re-
     hkopf, *Grammatik des neutestamentlichen Griechisch*, 18. Aufl. (Göttingen: Vandenhoeck & Ruprecht,
     2001), 160 (§198); Heinrich von Siebenthal, *Ancient Greek Grammar for the Study of the New
     Testament* (Oxford: Peter Lang, 2019), 260 (§180).

21   Michael Wolter, *Der Brief an die Römer: Teilband 1: Röm 1,1-8,39*, Evangelisch–Katholischer
     Kommentar zum Neuen Testament 6/1 (Neukirchen–Vluyn: Neukirchener Verlag, 2014), 520.

22   Robert Jewett, *Romans: A Commentary*, Hermeneia (Minneapolis: Fortress Press, 2007), 520.

23 Troels Engberg-Pedersen, "The Material Spirit: Cosmology and Ethics in Paul," *New Testament Studies* 55 (2009): 186.

24 Dieter Zeller, *Der Erste Brief an die Korinther*, Kritisch-exegetischer Kommentar über das Neue Testament (Göttingen: Vandenhoeck & Ruprecht, 2010), 510.

25 James Ware, "Paul's Understanding of the Resurrection in 1 Corinthians 15:36–54," *Journal of Biblical Literature* 133 (2014): 832.

26 Florian Wilk, *Die Briefe an die Korinther: Der Erste Brief an die Korinther*, Das Neue Testament Deutsch, Teilband 7,1 (Göttingen: Vandenhoeck & Ruprecht, 2017), 227.

27 Elton L. Hollon, "Paul's Account of Change at the Resurrection in 1 Corinthians 15:42–44a," *The Heythrop Journal* 65 (2024): 83.

28 John Granger Cook, *The Enspirited Body in 1 Corinthians 15*, Wissenschaftliche Untersuchungen zum Neuen Testament I, 530 (Tübingen: Mohr Siebeck, 2023), 98, 117, 391–392.

29 Michael Wolter, *Paul: An Outline of His Theology*, trans. Robert L. Brawley (Waco, TX: Baylor University Press, 2015), 183.

30 Zeller, *Der Erste Brief an die Korinther*, 512.

31 Hippocrates, "The Sacred Disease," 19.1–3, in *Hippocrates, Volume II*, trans. W. H. S. Jones, Loeb Classical Library 148 (Cambridge, MA: Harvard University Press, 1923), 178–179.

32 Vivian Nutton, *Ancient Medicine* (London and New York: Routledge, 2004), 234.

33 Donghyun Jeong, "1 Corinthians 15:35–58: An Assessment of Stoic Interpretation," *Korean Journal of Christian Studies* 109 (2018): 63.

34 Callistratus, *Descriptions* 6.3–4, in *Philostratus the Elder, Imagines. Philostratus the Younger, Imagines. Callistratus, Descriptions*, trans. Arthur Fairbanks, Loeb Classical Library 256 (Cambridge, MA: Harvard University Press, 1931), 398–399.

35 가장 중요한 연구로는 James L. Kinneavy and Catherine R. Eskin, "Kairos in Aristotle's Rhetoric," *Written Communication* 17, no. 3 (July 2000): 432–444.

36 Aristotle, *Art of Rhetoric*, trans. J. H. Freese, rev. Gisela Striker, Loeb Classical Library 193 (Cambridge, MA: Harvard University Press, 2020), 380–381 (1408b).

37 Aristotle, *Art of Rhetoric* 460–461 (1419a).

38 Isocrates, *Against the Sophists* §13, in *On the Peace; Areopagiticus; Against the Sophists; Antidosis; Panathenaicus*, trans. George Norlin, Loeb Classical Library 229 (Cambridge, MA: Harvard University Press, 1929), 170–171.

39 Aeschylus, *Libation Bearers* 582, in *Aeschylus II: Agamemnon, Libation-Bearers, Eumenides*, trans. Alan H. Sommerstein, Loeb Classical Library 146 (Cambridge, MA: Harvard University Press, 2008), 286–287.

40 Polybius, *Histories* 3.89.3–4, trans. W. R. Paton, rev. F. W. Walbank and Christian Habicht, Loeb Classical Library 137 (Cambridge, MA: Harvard University Press, 2010), 238–241.

41 묵시문학에 관한 가장 좋은 참고 도서는 John J. Collins, *The Apocalyptic Imagination*, 3rd ed. (Grand Rapids: Eerdmans, 2016).

42 Paul Tillich, *The Protestant Era* (Chicago: University of Chicago Press, 1948), xv. 카이로스 개념에

대한 상세한 논의는 다음을 참고. *The Protestant Era*, 32–51.

43   Werner Foerster, "σῴζω, σωτηρία, σωτήρ, σωτήριος," in *Theological Dictionary of the New Testament*, vol. 7, ed. Gerhard Kittel and Gerhard Friedrich, trans. Geoffrey W. Bromiley (Grand Rapids: Eerdmans, 1971), 966–967.

44   Frederick W. Danker, *A Greek-English Lexicon of the New Testament and Other Early Christian Literature*, 3rd ed. (Chicago: University of Chicago Press, 2000), s.v. "σωτηρία." Henry George Liddell, Robert Scott, and Henry Stuart Jones, *A Greek-English Lexicon*, 9th ed. (Oxford: Clarendon Press, 1996), s.v. "σωτηρία."

45   Thucydides, *History of the Peloponnesian War*, vol. 4, Books 7–8, trans. C. F. Smith, Loeb Classical Library 169 (Cambridge, MA: Harvard University Press, 1923), 144–145 (7.71.4).

46   OGIS 458 = SEG IV, 490. Wilhelm Dittenberger, ed., *Orientis Graecae Inscriptiones Selectae*, vol. 2 (Leipzig: S. Hirzel, 1905), no. 458. 참고. Craig A. Evans, "Mark's Incipit and the Priene Calendar Inscription," *Journal of Greco-Roman Christianity and Judaism* 1 (2000): 67–81.

47   예를 들어, Matthew W. Bates, *Gospel Allegiance: What Faith in Jesus Misses for Salvation in Christ* (Grand Rapids: Brazos Press, 2019), 85–88.

48   Andries G. van Aarde, "ΙΗΣΟΥΣ, the Davidic Messiah, As Political Saviour in Matthew's History," in *Salvation in the New Testament: Perspectives on Soteriology*, ed. Jan G. van der Watt (Leiden: Brill, 2005), 10–11.

49   참고. Edgar Krentz, "Military Language and Metaphors in Philippians," in *Origins and Method: Towards a New Understanding of Judaism and Christianity: Essays in Honour of John C. Hurd*, edited by Bradley H. McLean, Journal for the Study of the New Testament Supplement Series 86 (Sheffield: Sheffield Academic Press, 1993), 125–141.

50   Hippocrates, *Epidemics*, I.14, trans. Paul Potter, Loeb Classical Library 147 (Cambridge, MA: Harvard University Press, 2022), 172–173.

51   예를 들어, Friedrich Hiller von Gaertringen, ed., *Inscriptiones Graecae*, vol. IV², pt. 1: *Inscriptiones Epidauri* (Berlin: Walter de Gruyter, 1929), no. 127. Cf. Werner Peek, *Inschriften aus dem Asklepieion von Epidauros*, Abhandlungen der Sächsischen Akademie der Wissenschaften zu Leipzig, Philologisch–historische Klasse 60, no. 2 (Berlin: Akademie-Verlag, 1969), no. 57. 그 외에도 IG IV²,1 418, IG IV²,1 435 등 다수.

52   Foerster, TDNT 7:966.

53   Foerster, TDNT 7:967–968.

54   S. R. F. Price, *Rituals and Power: The Roman Imperial Cult in Asia Minor* (Cambridge: Cambridge University Press, 1984), 25–40.

55   그러나 이는 후대 기록으로서 당시의 실상과는 차이가 있을 수 있습니다. S. G. Caneva, "Back to Rhodes: Pausanias, Rhodian Inscriptions, and Ptolemy's Civic Acclamation as Soter," *Ancient History Bulletin* 34 (2020): 25–26.

56   R. A. Hazzard, "Did Ptolemy I Get His Surname from the Rhodians in 304?" *Zeitschrift für Papyrologie und Epigraphik* 93 (1992): 55–56.

57   Hazzard, "Did Ptolemy I Get His Surname," 56.

58 Dee L. Clayman, *Berenice II and the Golden Age of Ptolemaic Egypt*, Women in Antiquity (Oxford: Oxford University Press, 2014), 13, 69. Nickolas P. Roubekas, "Belief in Belief and Divine Kingship in Early Ptolemaic Egypt: The Case of Ptolemy II Philadelphus and Arsinoe II," *Religio* 23, no. 1 (2015): 9.

59 J. Daniel Bing and Joseph Sievers, "Antiochus I Soter," in *Encyclopaedia Iranica*, vol. 2, fasc. 2 (1986; last modified April 16, 2015).

60 Steven J. Friesen, *Imperial Cults and the Apocalypse of John: Reading Revelation in the Ruins* (Oxford: Oxford University Press, 2001).

61 참고. Martha C. Nussbaum, *The Therapy of Desire: Theory and Practice in Hellenistic Ethics* (Princeton: Princeton University Press, 1994).

62 Epictetus, *The Discourses as Reported by Arrian, the Manual, and Fragments*, trans. W. A. Oldfather, vol. 2, Loeb Classical Library 218 (Cambridge, MA: Harvard University Press, 1928), 180–181 (3.23.30).

63 Seneca, *Epistles*, trans. Richard M. Gummere, vol. 2, Loeb Classical Library 76 (Cambridge, MA: Harvard University Press, 1920), 138–139 (75.6).

64 Johannes P. Louw and Eugene A. Nida, eds., *Greek-English Lexicon of the New Testament: Based on Semantic Domains*, 2nd ed. (New York: United Bible Societies, 1989), 23.170. BDAG, s.v. "γάγγραινα."

65 Sarah Iles Johnston, "Mysteries," in *Ancient Religions*, ed. Sarah Iles Johnston (Cambridge: Belknap Press of Harvard University Press, 2007), 98–99, 105–106.

66 Jan N. Bremmer, *Initiation into the Mysteries of the Ancient World* (Berlin: De Gruyter, 2014), xi, xiii.

67 Bremmer, *Initiation into the Mysteries*, 28–29.

68 Johnston, "Mysteries," 104–105.

69 Bremmer, *Initiation into the Mysteries*, 18–19.

70 Bremmer, *Initiation into the Mysteries*, 76.

71 Foerster, TDNT 7:970–973.

72 E. P. Sanders, *Paul and Palestinian Judaism: A Comparison of Patterns of Religion* (Philadelphia: Fortress Press, 1977).